Esbozos del personalismo

Jorge de Juan Fernández

ESBOZOS DEL PERSONALISMO

Huellas del pensar en Emmanuel Mounier

EDITORIAL COMARES

GRANADA, 2025

SERIE
FILOSOFÍA *HOY*

Dirigida por:
JUAN ANTONIO NICOLÁS
(jnicolas@ugr.es)

121

fundación
Moncloa

Diseño y maquetación: Natalia Arnedo

© Jorge de Juan Fernández

Editorial Comares, 2025
Polígono Industrial Juncaril
C/ Baza, parcela 208
18220 - Albolote (Granada)
Tlf.: 958 465 382
https://www.comares.com • E-mail: libreriacomares@comares.com
https://www.facebook.com/Comares • https://twitter.com/comareseditor
https://www.instagram.com/editorialcomares

ISBN: 979-13-7033-028-6 • Depósito Legal: Gr. 1707/2025

IMPRESIÓN Y ENCUADERNACIÓN: COMARES

A mi abuela M.ª Rosa,
siempre en mi recuerdo,
quien me ayudó con su testimonio
y sus cuidados
a construirme como persona.

SUMARIO

PARTE II

LA VIDA DE MOUNIER DESDE LA PUBLICACIÓN DE *ESPRIT* HASTA SU MUERTE (1932-1950)

PRÓLOGO

La vida de un pensador es siempre el mejor manifiesto de hasta dónde su vida y su obra, sus escritos y sus hechos alcanzan la concordancia que da coherencia a una existencia filosófica, que diría Husserl. Así y sólo así, la belleza del logos se hace verdad en la realidad y las ideas toman cuerpo en la existencia concreta de los seres humanos y del mundo en el que estos están. Y así, y solo así, el pensamiento termina siendo testimonio en una pretensión que nunca debió dejar de lado la reflexión: su natural tendencia a cambiar las cosas y a transformar la vida.

Emmanuel Mounier es uno de estos pensadores cuyo modo de existir es un buen guion de su propia producción filosófica. Este libro, fruto de una ardua y apasionada investigación, es una buena muestra de ello. El intelectual, entonces, termina pensando aquello que inquieta a su propia experiencia personal, especialmente las crisis vitales. Desde muy joven, la estructura de la personalidad de Mounier, del todo orientada a la reflexión y a la meditación, puso los cimientos de una vida vinculada a la filosofía. En ese sentido, hacer filosofía fue, para Mounier, toda una experiencia vocacional.

¿Es constitutivo del ser humano el sufrimiento y la crisis? ¿La identidad de lo que somos depende de lo que hacemos y de lo que proyectamos o de nuestra vida interior tan desapercibida siempre para el pensar? ¿Qué sentido puede encontrarse cuando claudica el sentido mismo, cuando las circunstancias no permiten si quiera un ápice de esperanza? ¿Y los otros? ¿Y el absolutamente Otro? ¿Cómo entonces acontece la posibilidad de Dios para una vida que se piensa auténtica en la medida en que es autónoma y absoluta al descubrirse en un camino de progreso imparable que le asegura haber alcanzado el sueño de querer ser como dioses? ¿Quiénes son los demás para mí? ¿Qué papel juegan los otros en la construcción del yo?

Todas estas y otras muchas son preguntas que invocan la urgencia de saber del misterio de lo humano. Y todas son cuestiones que, como mostrará el s. xx, van a ser respondidas desde voces muy distintas, muchas de las cuales ya han decidido pensar contra todo lo que signifique el proyecto de lo humano. En este contexto intelectual en el que la razón había quedado encorsetada en los cánones del positivismo cientificista, y en el que todas las otras dimensiones de la existencia campaban a sus anchas en el lodazal romántico, en el nihilismo, o en los proyectos irracionalistas de corte ateo, nace el personalismo, la filosofía que trata de poner razón en lo específico y esencial de lo humano. El personalismo de Mounier tiene su carta de presentación precisamente aquí, en la necesidad de saber qué significa ser persona y en qué sentido la integridad del ser que somos redunda en una grandeza, en una inigualable dignidad y en un inconmensurable valor que excede el cogito cartesiano, el ego de la conciencia o el individualismo del mercado para redundar en una comprensión del sí mismo siempre constituida por los otros y abierta a Dios.

Cuando se toma en serio la experiencia vital, sale a flote el sufrimiento humano. Qué duda cabe. El dolor es siempre inquietante y más todavía cuando rebosa el nivel de lo soportable. Pero la grieta del sufrimiento en la que se concentra la finitud no es sólo una amenaza para la solidez que se espera de una vida lograda, sino la ocasión primordial para el encuentro con Dios. La intimidad del hombre, donde más se encuentra el yo con su fragilidad y donde resuena el vacío de las preguntas sin respuesta, es lugar privilegiado de acceso a la trascendencia.

Son todas estas dimensiones las que deben tenerse en cuenta desde una filosofía que quiera abordar con razón a todo hombre y todo lo del hombre. Por eso, quizá el personalismo en la obra de Mounier, tal y como se desprende del libro del profesor De Juan, tenga la capacidad de ser, más que una filosofía específica y distinta, una propuesta vertebradora que puede constituir trasversalmente a todas las demás áreas y dimensiones del pensar.

José Manuel Chillón Lorenzo

INTRODUCCIÓN

La génesis de este libro se remonta al periodo de confinamiento estricto a causa de la pandemia de la Covid-19. Por aquel entonces (marzo-abril de 2020), cayó en mis manos una biografía de Emmanuel Mounier que hizo despertar en mí una serie de interrogantes y planteamientos en medio del arduo contexto vital que nos envolvía. La soledad que experimenté marcada por la cuarentena, las múltiples formas de generosidad de las que tuvimos noticia, de la misma forma que varias actitudes con un carácter individualista, me interpelaron acerca del sentido de ser personas y de nuestra pertenencia a la comunidad.

Al adentrarme en aquellas páginas sobre Mounier, comprobaba cómo su teoría sobre el hombre y la sociedad de su momento son vivencias cotidianas de nuestra realidad; son como una especie de espejo donde el hombre de hoy puede verse perfectamente reflejado: «Hoy el nihilismo europeo se extiende y se organiza sobre el retroceso de las grandes creencias que mantenían en pie a nuestros padres. Fe cristiana, religión de la ciencia, de la razón o del deber»[1]. En un momento de auténtica crisis vital para muchas personas, que por vez primera se hacían preguntas existenciales, que veían tambalear todas sus seguridades, que descubrían los límites del mundo efímero, a la vez que las prisas del ritmo cotidiano desaparecían y con ellas esa especie de «suicidio metafísico» a la que el hombre europeo

---

[1]   MOUNIER, E., *El personalismo* (Obras completas III), Sígueme, Salamanca, 1990, p. 55.

se ha visto abocado por no pensarse/nos, había una alternativa a la visión pesimista y esa venía pensada desde Mounier: un optimismo trágico que conducía a un realismo esperanzador. De hecho, cuando salimos a la calle, todos pensamos que el individualismo había tenido los días contados...

Consciente de que la condición humana nos compromete y que, por tanto, rechazar el compromiso es rechazar la condición humana, surgía en mi interior el deber moral de reivindicar el valor objetivo de la persona, la exigencia de acción y la necesidad de una jerarquización de valores en el contexto en el que desempeño parte de mi vida: la educación. Mi papel en el aula universitaria tiene lugar con unos destinatarios muy concretos: alumnos de magisterio, lo que implica que estoy formando a futuros maestros, que darán forma a las generaciones del mañana. Esta labor sagrada exige por mi parte tomar conciencia en mí mismo y, a su vez, ayudar a los futuros maestros a descubrir que la educación es una labor de acompañamiento en la que tenemos que procurar «hacer despertar personas». Una tarea que exige el respeto de la libertad del otro, y esta solo pasa por la personalización. A su vez, en mí esta exigencia interior se ve acentuada puesto que el cristianismo obliga al hombre a una presencia activa en todo lo temporal. Todos estos principios inscritos en el pensamiento y acción de Mounier, suscitaron en mí la máxima admiración y el planteamiento de iniciar un trabajo sobre la filosofía personalista. Podría decirse que la intención primera era «hacer filosofía en vista de hacer apostolado», expresión que sorprendentemente encontré plasmada en la obra de Mounier para describir su germen filosófico.

Conforme iba madurando la idea y penetrando en los escritos de este pensador nacido en Grenoble (Francia), iba descubriendo cómo me encontraba ante un arquetipo de síntesis entre pensar y obrar. La visión del mundo de Mounier era tan clarividente que la verdad le empujaba a actuar, testimoniando audazmente con su vida lo que planteaba su entendimiento. Esta realidad suponía para mí un testimonio vital al que admirar y un hecho digno de estudiar, al que he dedicado gran parte de mi tiempo en los últimos años.

Mounier tenía un objetivo vital: ser testimonio de los más auténticos valores espirituales y humanos. Así, su obra está movida por el afán de incorporar las exigencias auténticamente cristianas, primero en su sentido de realidad vivida y después en su expresión de ideología formulada.

El pensador protagonista de este libro, ciertamente, no fue un filósofo fundador de un sistema nuevo: su personalismo ha recibido de la filosofía francesa más de lo que él la ha dado. Sin embargo, en él estaban presentes los dos aspectos característicos del filósofo: la universalidad de su campo de visión y la búsqueda de las razones profundas. El filósofo para serlo ha de esforzarse por situar los objetos —seres y acontecimientos— en su justo puesto dentro del conjunto de la realidad. De tal manera que no puede haber filosofía sin esta referencia a la totalidad. Esto entraña una consecuencia: el filósofo, si bien no debe estar ausente del acontecimiento, sin embargo debe de estar a una cierta distancia también de él porque el filósofo es quien ha de seguir siendo capaz de juzgar el acontecimiento en nombre de ciertos valores permanentes. El filósofo no puede dimitir ante las cosas del tiempo, pero su misión es juzgar las cosas del tiempo en función de lo que está más allá del tiempo, dado que en esto consiste precisamente la definición misma de la filosofía como sabiduría.

En este sentido, el pensamiento *engagé* ofrece una ambigüedad que necesariamente ha de superar sin renunciar a su capacidad de dominio sobre lo temporal, a fin de no caer en la superficialidad de la que en todo momento tiene que librarse y sin tener que caer prisionero de la actualidad. Por eso, en este trabajo pretendemos profundizar en el descubrimiento de su personalidad, que es la que realmente ha quedado reflejada intensamente en su obra, más aún la ha invadido, y por ello el personalismo para Mounier, como nosotros pretendemos demostrar en estas páginas, no fue solamente una ideología sino una preocupación constante, un modo de ser, de pensar y de obrar, un estilo de vida.

Esta personalidad, que será siempre un punto de referencia para todos aquellos que quieran hacer una confrontación entre valores modernos y valores cristianos, no es solamente la del hombre político, puesto que él siempre se defendió de serlo o de llegar a serlo, ni la del teólogo, dado que él no lo era más que ocasionalmente y por añadidura. Tal vez su mejor contenido definitorio sea el haber llegado a ser uno de los grandes directores espirituales de su generación[2].

---

[2]   DUFOREZ, H., *Grandeur spirituelle d'Emmanuel Mounier,* Masses Ouvriéres, París 1951, p. 51. En este sentido nos parece muy atinada la distinción que establece González-Caminero a propósito de los pensadores españoles más recientes y significativos al decir que Unamuno es un «guía» de la juventud, mientras que Ortega era un «profesor» para

Esta riqueza de contenido de la personalidad de Mounier es la que explica por qué todos los que han intentado definir las características de su pensamiento se han visto obligados a señalar en él un aspecto metafísico y otro moral. Ambos con carácter complementario y ambos como elementos integrantes de toda una trayectoria filosófica cuyo objetivo final era la elaboración de una auténtica «filosofía humana». Pero detrás de esa «filosofía humana» a construir está la trayectoria de su propia vida como origen de ella y como justificación insoslayablemente última de la misma.

Esta filosofía humana de inspiración netamente cristiana se aproxima mucho a lo que debe ser el ideal de vida del cristiano entendido al mismo tiempo como testimonio de lo Absoluto y esfuerzo *empeñativo* por hacerlo presente a través del descubrimiento del sentido último de lo relativo. De ahí las actitudes múltiples expresadas en la trayectoria de su vida y el carácter antidogmático y combativo que refleja su obra. Y es que tanto su vida como la obra que de ella ha surgido se apoyan en la fe: en una fe de adhesión al Absoluto y en una fe de empresa. Estos dos valores, en términos cristianos, se traducen en una confianza en la Providencia y en una responsabilidad frente al mundo que será tal como los hombres la hagan bajo la mirada de Dios. Así lo refleja la correspondencia y la conexión que se da entre el afán por lograr que su vida fuera un auténtico testimonio de esa ambivalencia y de que su obra fuera un mensaje y una invitación para descubrir su presencia en la realidad, más que un cuerpo doctrinal sobre los mismos.

Esta complejidad de su personalidad explica la complejidad de su filosofía que tampoco es una, sino que viene a ser una especie de estudio elíptico de la totalidad de la realidad. Así su «personalismo» fluctúa entre la afirmación metafísica de la persona como valor supremo inscrito en el ser mismo, y la exigencia moral de una personalización que no está garantizada por nada, porque es necesario crear durante ese mismo proceso de personalización e incluso inventar los propios valores que han de contribuir a realizarla. De ahí que el personalismo de Mounier no pueda definirse

---

la juventud. «Ya se sabe que la juventud busca más un guía que un profesor. Sigue más irresistiblemente a Sócrates que a Platón o a Aristóteles». Cfr. GONZÁLEZ CAMINERO, N., «Circunstancia y personalidad de Unamuno y Ortega», *Gregorianum* XLI-2 (1960), p. 213.

esencialmente como una filosofía realista del ser, ni tampoco como un realismo del hacer, sino como un constante diálogo y una permanente discusión entre ambos.

Este drama fue vivido humanamente, y sin caer jamás en la tentación de sustraerse al sacrificio que constantemente exigía[3]. Además, este drama personalmente vivido, es el punto de arranque tanto de las limitaciones sistemáticas, como de la riqueza ideológica y clave interpretativa y metodológica para la hermenéutica exacta de su pensamiento. Para ello hay que tener en cuenta que la reflexión de Mounier está formada más que por una filosofía, por una experiencia filosófica cuyo valor hay que ir descubriendo progresivamente. Para esta tarea resulta esclarecedor ese conjunto conmovedor de recuerdos revelados de su personalidad íntima, recogidos en el volumen *Mounier y su generación*, que es el mejor instrumento de que disponemos para seguir los pasos de su vida.

El sentido fundamental de la experiencia filosófica de Mounier —escribe Umberto Eco— está constituido por el hecho de que las categorías personales pueden investigarse a un nivel teorético pero solo la vida las crea, solo la vida fundamenta la teoría mouneriana. Podremos decir que la teorética de Mounier es el diario entusiástico de una experiencia moral, dando, sin embargo, a «entusiástico» un significado filosóficamente limitativo[4].

De ahí que al estudiar la obra de Mounier haya que tener siempre presente este sentido de experiencia personal al lado del análisis teórico y racional, para dar sentido y valor exacto a su obra. Siempre que se busque una fundamentación racionalmente definitoria, las categorías de Mounier se disuelven, o se viven o se niegan.

Al examinar la vida de Mounier al compás de su filosofía, como pretendemos en este libro, podremos descubrir que la fe en la persona humana era el presupuesto capital en el que se ha inspirado; por una parte el sentido pedagógico y práctico en que ha sido escrita su obra y, por otra, el origen de esa razón ejemplar que trasluce su vida. Ambos factores explican

---

[3] JEANSON, F., «Un pensé combattante», *Esprit* 174 (diciembre 1950), p. 858.

[4] ECO, U., en la recensión que hace de la obra de Rigobello, A., Il contributo filosófico di E. Mounier, *Filosofía* 7 (1956), p. 381.

por qué el personalismo de Mounier, más que un sistema doctrinal es, sobre todo, un modo de vida que en pleno siglo XXI sigue cuestionando a todo aquel que se acerca a la figura de este pensador francés.

Antes de dar por concluida esta introducción, quiero expresar mi más profundo agradecimiento a todas las personas e instituciones que, de una forma u otra, han sido parte de este camino. Escribir un libro nunca es un acto solitario; es el reflejo de incontables aprendizajes, apoyos y generosidades compartidas.

En primer lugar, mi gratitud infinita a mi familia, con especial mención a mis padres, hermanos y sobrinos, quienes han sido sostén incondicional, fuente de amor y ejemplo de esfuerzo. A mis amigos y compañeros de vida, con quienes he compartido ilusiones, desafíos y fatigas, mi reconocimiento sincero por su presencia y aliento constante. También quiero recordar con aprecio a mis colegas profesores, a mis alumnos —cuyo entusiasmo y curiosidad han sido una inspiración continua— y al personal de bibliotecas, guardianes del conocimiento que han facilitado mi labor investigadora.

De manera especial, deseo expresar mi gratitud a José Manuel Chillón, de la Universidad de Valladolid, quien ha sido brújula, maestro, amigo y hermano. Su sabiduría, generosidad y orientación han sido faro en los momentos de incertidumbre, sosteniéndome con su magisterio filosófico y humano. Asimismo, mi agradecimiento a José Alberto Benítez, de la Universidad de León, por su confianza inquebrantable en mis capacidades, por alentarme a seguir adelante y recordarme siempre el valor de la docencia como humilde pero valiosa contribución a la sociedad.

Finalmente, este libro está dedicado a la memoria de mi abuela M.ª Rosa, quien, en el transcurso de la edición de estas páginas, emprendió su viaje al cielo. Ella fue testigo de este trabajo y, quizá, su elaboración le robaron momentos que habría preferido dedicar a nuestras conversaciones. Sirvan, pues, estas palabras como un tributo a todo lo que me regaló en la vida y como un testimonio de mi eterna gratitud. Confío en que, desde el cielo, pueda mirarme con satisfacción.

A todos, gracias.

SÍNTESIS CRONOLÓGICA DE SU VIDA

Hasta su ingreso en la universidad (1905-1923)	
1905	Nace en Grenoble
1910	Ingresa en la escuela de primaria
1916	Ingresa en el Liceo
1919	Sufre el accidente en la vista
1920 a 1922	Primera edad fecunda. De los 15 a los 17 años
1923	Ingresa en la Universidad para cursar el «Degré Supérieur»

Años universitarios transcurridos en Grenoble (1923-1927). Estudia Medicina y Filosofía		
1924-1925	Curso de los suspensos en la Facultad de Medicina	
	1924	Conoce a Jacques Chevalier
1924 a 1927	«Tres años fecundos». De los 18 a los 21 años.	
	1926 (abril)	Publica su primer artículo: «Un pensateur francaise: Jacques Chevalier» (6-IV)
	1926 (noviembre) a 1927 (mayo)	Redacta los apuntes de J. Chevalier
	1927	Obtiene el diploma de Estudios Superiores de Filosofía (23-VI) con su disertación: «Le conflit de l'anthropocentrisme et du théocentrisme dans la philosophie de Descartes».

Años de estancia en París hasta la fundación de Esprit (1927-1932)		
1927	29 de octubre	Llega a París a los 22 años
	30 de octubre	Primer contacto con los maestros de la Sorbona
1928-1929	Becario del Doctorado. Enseña en el Colegio que dirige Mdme. Danielou	
	5 de enero de 1928	Muerte de su mejor amigo Barthelemy a los 22 años
	Julio de 1928	Realiza el examen de Agregación
	Vacaciones de Navidad	Toma el primer contacto serio con la obra de Peguy
1928-1931	Colabora en el movimiento «Aux Davides»	
1929	Año de consulta entre profesores y maestros sobre el tema de su tesis a los 24 años.	
	Publica los apuntes «Apres ma clase»	
	junio	Se va a vivir a la Maison de la Jeunesse
1929-1930	Publica artículos en «Aux Davides»	
1930	Abril-mayo	Realiza un viaje de tres semanas a España
	julio	En los coloquios con Maritain comienza a serle una preocupación principal la revista
	septiembre	Hace un viaje a la Italia del Norte
1931	Publica en colaboración su estudio sobre la obra de Peguy, que es su primer trabajo empeñativo	

1931-1932	Enseña filosofía en el Liceo de Saint-Omer	
1932	16 al 23 de agosto	Congreso previo para la fundación de la revista del equipo Esprit en Font-Romau
Desde la fundación de Esprit (1932)		
1932	Octubre	Publicación del primer número de la revista Esprit
1933	Febrero	Conoce a la que había de ser su esposa
	26 de Febrero	Muerte del P. Pouget
	Mayo	El cardenal de París pide un informe sobre la revista
	Julio	Ruptura de Mounier con Izard
1935	Contrae matrimonio	
1938	Nace su primogénita	
1939	Se traslada desde Bruxelas a París	
1946	Escribe *Introducción a los existencialismos*	
1947	Escribe *Qué es el personalismo*	
1948	Escribe *Marxismo abierto contra marxismo escolástico*	
1949	Escribe *El personalismo*	
	Primera crisis cardiaca	
1950	Escribe *La cristiandad difunta* y las dos obras publicadas póstumamente: *Las certezas difíciles* y *La esperanza de los desesperanzados*	
	Muere	

PARTE I

LA VIDA DE MOUNIER HASTA LA CREACIÓN DE ESPRIT (1905-1932)

I
LOS PRIMEROS AÑOS DE MOUNIER
HASTA SU LLEGADA A LA UNIVERSIDAD

Mounier nace en Grenoble el 1 de abril de 1905. Su padre era far-
macéutico en aquella ciudad. Pertenecía por tanto a la burguesía, aunque
sus orígenes más remotos estén radicados en el pueblo humilde del que
descendían sus antepasados. Esta mezcla de pueblo y burguesía marcará
profundamente toda su vida y su obra. Los dos elementos le pertenecen y
los dos quedarán reflejados en su vocación de pensador en lo que tienen
de significado más puro.

De sus orígenes familiares Mounier nos ha hablado ya en su madurez,
cuando echando la mirada hacia atrás revisa el peso que han tenido en
su vida, al mismo tiempo que toma conciencia de las limitaciones que en
él ha impuesto su condición de intelectual. Con este prisma Emmanuel
mira la realidad más profunda de su existencia. Desde la madurez alcan-
zada, y con un afán de autenticidad, confiesa el temor que experimenta
al comprobar cómo también en él su condición de intelectual ha podido
ahogar la fuerza y el valor que en la vida de cada hombre debe tener su
realidad primera. Cuando habla de ella lo hace con un doble sentimiento:
satisfacción y nostalgia. De satisfacción al verse enraizado en un ambiente
tan puro para realizar su vocación que poco a poco se ha ido identificando
con su profesión: el descubrimiento del ser del hombre en el estudio de
los verdaderos problemas humanos. De nostalgia porque el intelectual no
está exento de las atrofias que por el hecho de su condición de pensador
no padece a la hora de acercarse al hombre a través del análisis de los

problemas vividos por él[1]. Ciertamente su enraizamiento en el pueblo es lo que le hace acercarse a él porque se ve próximo al mismo. De ahí que para este filósofo el recuerdo de sus orígenes tenga el sentido de una purificación de los sentimientos últimos de su alma. El Mounier intelectual, al recordar el ambiente familiar de sus abuelos, siente renacer dentro de sí mismo al hombre popular y sencillo, pero fundamentalmente humano, que lleva oculto en la profundidad de su ser. Por eso Emmanuel Mounier será un intelectual que siempre portará en el fondo de su alma el poso de lo socialmente humilde y radicalmente humano. Así será ni más ni menos la «santé» de sus abuelos.

El filósofo de Grenoble apenas conoció a sus abuelos paternos, ya que murieron hacia 1910. En conversación con su mujer, a quien revela los recuerdos más íntimos de su infancia, se los define como «demy-paysans». Por el contrario, de quienes conserva un mayor número de recuerdos será de sus abuelos maternos, con quienes pasaba sus vacaciones. Su abuelo materno había tenido durante algún tiempo un pequeño restaurante, aunque para Mounier era «un hijo del campo que vive continuamente. Un gran hombre lleno de bondad: la prueba es que era socialista y sin embargo se hacía querer por todo el mundo»[2].

En este sentido es clara la coincidencia con su maestro Péguy en las preocupaciones sociales. Los dos nacen dentro de una familia burguesa pero de origen «paisano». Mounier irá reavivando este peso del ambiente familiar a lo largo de toda su vida, sin querer desprenderse jamás de él. Pero de una manera intensa lo ha vivido hasta la edad de veintidós años, que es el momento en que comienza a desenvolverse en París.

---

[1]   Mounier mismo afirmará: «Je suis un intellectuel. Ceci appelle un certain nombre d'atrophies et de tics. Je me garderai de m'en croire exempt», en Beguin, A., «Une vie (textes de liaison)», *Esprit* 174 (diciembre 1950), p. 926.

[2]   Todos estos pormenores se los narra Mounier a su mujer en un momento de su vida en el que está totalmente entregado a su producción literaria más profunda y fecunda. Los dos abuelos maternos viven en casa de los padres de Mounier desde 1920. El abuelo muere en 1923, mientras que la abuela en el invierno de 1924. Cfr. Mounier, E., Carta a Paulette Leclerc (30 de abril de 1933), en *Mounier y su generación*, (Obras completas IV), Salamanca, Sígueme 1988, p. 466.

En esta época Mounier se abre al problema religioso, al mundo cultural y al sufrimiento. En el periodo previo al inicio de sus estudios universitarios, distinguimos dos momentos en su formación que marcarán la personalidad de nuestro autor: el periodo de la escuela primaria, desde los cinco a los once años (1910-1916), y la etapa de sus estudios de Liceo, entre los once y los diecisiete años (1916-1922).

A la edad de cinco años, cuenta Béguin en las breves notas redactadas para dar unidad al conjunto de testimonios recogidos de labios del propio Mounier o de personas que tuvieron un contacto estrecho con él, el niño Emmanuel preguntó un día: «Comprendo que el Buen Dios es el que ha hecho todas las cosas; pero ¿quién le ha hecho a Él?». Ciertamente las anécdotas no son capaces de definir a las personas, pero no cabe duda de que ellas esconden algo de verdad, que es en último término la pequeña realidad en la que se sustentan. Así, esta historieta no ha de utilizarse para asegurar que, desde niño, Mounier sentía ya una inclinación natural hacia la filosofía o una predisposición a la inquietud religiosa, sino más bien un sentido oculto que le inclinaría a desarrollar posteriormente el germen de un auténtico espíritu reflexivo[3].

Recordando los años de su infancia, Mounier se definía a sí mismo en los primeros tiempos de la publicación de *Esprit* como «un espontáneo, hecho para la contemplación distraída del cielo y de la tierra, más que para los arranques y los dogmatismos»[4]. Durante los años de sus estudios en la escuela primaria, uno de sus maestros afirmaba de él: «buen alumno, aunque un poco apático»[5]. Poco a poco también su maestro irá comprendiendo que la lentitud no tenía como causa una debilidad de voluntad, sino el deseo de penetrar profundamente en el fondo de las cosas.

A los once años Mounier comienza sus estudios en el Liceo. Sus profesores deciden que ingrese directamente en la clase sexta sin pasar por la quinta. Sin embargo, Mounier no acepta, pues no quería perder la posibilidad de recibir una formación gradual. De nuevo nos encontramos ante una coincidencia biográfica entre Emmanuel y Péguy.

---

[3] BEGUIN transcribe la historia como testimonio de Paul Mounier, padre de Emmanuel. Cfr. Beguin, A., «Une vie», p. 936.

[4] RUÍZ, A., *Emmanuel Mounier II*, Instituto Emmanuel Mounier, Madrid, 1990, p. 7.

[5] BÉGUIN, A., «Une vie», p. 937.

En el Liceo, Mounier se revela como un alumno muy normal y trabajador. Allí comienzan a manifestarse sus preferencias en materia de estudios. Mientras encuentra dificultad con las matemáticas, siente una predilección por los estudios filosóficos. Sus calificaciones en el expediente académico son «Tres bien». En esta época, tal como aparece en el recuerdo de uno de sus profesores, Emmanuel era un espíritu extraordinariamente ágil al que acompañaba una memoria asombrosa. Sus disertaciones en clase fueron modelos en su género[6].

Al lado de estas pinceladas, que nos dibujan los pasos iniciales de su formación intelectual, existen otros datos que nos descubren su carácter y el valor de unas primeras experiencias vitales en su relación con el mundo exterior, al mismo tiempo que la repercusión de diversos acontecimientos en la maduración de su mundo interior.

Dos accidentes graves vienen a tumbar la infancia de Mounier: una otitis que le provoca sordera durante algunos años, y una úlcera de córnea en uno de los ojos, que da origen a un estrabismo acentuado. En este mismo ojo sufre una nueva lesión cuando tenía trece años. Un compañero de Liceo le lanza una piedra provocando una seria herida que le reducirá su potencia visiva. Este último accidente trae consigo, inevitablemente, unas consecuencias de carácter psicológico. Por motivos de salud, Mounier se ve obligado a retrasar durante un año sus estudios, lo que provocará que su madurez humana sea superior a la de sus compañeros en el resto de los cursos posteriores, convirtiéndose por ello en el centro del compañerismo, en llama pura y viva en donde alumbraba un rayo de comprehensión y amistad. De esta forma, casi sin quererlo ni tener conciencia de ello, está viviendo anticipadamente lo que más tarde será misión a cumplir.

Entre los quince y diecisiete años Mounier vive un periodo de tiempo que más tarde recordará como la «primera edad fecunda»[7]. El primer contacto con la filosofía es la lectura de Bergson, cuyas ideas comienzan a

---

[6]   El testimonio de Paul Belmont, agregado de Filosofía del Frosond, observa que en la clase de Filosofía, Mounier era un alumno destacado. Cfr. Béguin, A., «Une vie», p. 937.

[7]   Así lo confiesa en una carta autobiográfica dirigida a Jacques Lefrancq, que resulta fundamental para entender los primeros pasos de su formación intelectual y que se reproduce en Béguin, A., «Une vie», p. 938.

cautivarle, despertando en un remozamiento intelectual. Cuando más tarde se lamente de la anarquía de su formación académica, recordará siempre con gratitud estos años de Liceo, a pesar de que la guerra y post-guerra perjudicarán la continuidad de la enseñanza en estos centros, provocando consecuentemente algunas lagunas en la formación intelectual de sus estudiantes. De este periodo Mounier guarda la imagen de sí como un estudiante tranquilo, metódico, trabajando en todas sus asignaturas de una manera inteligente. Son momentos de plena responsabilidad creadora que recuerda con una profunda nostalgia, revelada en unas cartas confidenciales dirigidas a su esposa: «A los catorce años, escribirá más tarde, yo sentía toda la dulzura del mundo con toda la ambición del tiempo; estaba la presencia de Dios en el cielo y en la tierra, a ras de las sombras, una plenitud de amor»[8].

Los factores fundamentales que integran estas vivencias juveniles harán germinar más tarde la ilusión de transformar unas estructuras terrenas, animadas con la sana ambición y la confianza en el tiempo, como elementos imprescindibles para hacer posible esa transformación y la comunicación de la presencia de Dios, oculta en su obra y siempre sentida en su vida más personal e íntima.

Este periodo de la juventud constituye también el momento en que despierta el deseo al que está dispuesto a consagrar toda su vida y su obra:

> Lo que yo esperaba de la vida era encontrar personas… y sabía bien lo que esto quería decir: encontrar el sufrimiento. Siendo niño, de los doce a los veinte años, yo soñaba con lo que sueñan todos los niños por la noche antes de dormirse, o cuando en los caminos se llena uno de aire, de futuro y de esas canciones interiores. Ahora bien, siempre era en el sufrimiento, me acuerdo muy bien: un accidente, una enfermedad, un duelo, cuyo encuentro me imaginaba. Esto no disminuía de ninguna manera la juventud, el frescor; por el contrario, me parecía que yo no podía figurarme la alegría más que compartiendo el sufrimiento. No se trataba en absoluto de historias de caballerías; sólo encontraba gusto por lo real en medio de estas circunstancias. El día, en el momento de los ojos abiertos en que los sueños se retiran, era parecido…[9].

---

[8]   MOUNIER, E., *Mounier y su generación, op. cit.*, p. 467.
[9]   MOUNIER, E., Carta a Paulette Leclercq (1 de septiembre de 1933), en *Mounier y su generación, op. cit.*, p. 467. Veremos más adelante la interpretación y elevación tan sublime que en muchas ocasiones ofrece sobre el sufrimiento.

A lo largo de su vida, Mounier encontró a las personas por medio de la amistad. Con su obra sembró el afán de conocer ansiosamente el mundo de la persona a cada uno de los que leyeran sus escritos. De esta forma, demostró con la experiencia de su vida cómo la amistad y el sufrimiento son los dos mejores caminos para llegar a las personas. Tendremos ocasión de irlo entendiendo siguiendo los pasos de la vida de Mounier.

II
LA ÉPOCA DE LOS ESTUDIOS UNIVERSITARIOS

Mounier comienza sus estudios universitarios al pasar al *Degré Supérieur*, cuando ya la Filosofía suponía para él un gran atractivo. Sin embargo, al incorporarse a la Universidad se matricula en la *Faculté des Sciences*. En la primera decisión seria de su vida ha podido el ambiente familiar sobre su inclinación personal. El curso que media entre 1922-1923 es un año fundamental en su historia particular, por las repercusiones psicológicas que tendrá sobre él, además de la orientación radical que imprimirá a su mundo interior. Durante este año escolar, Mounier superará la crisis más dolorosa de su vida, lo que le hace adquirir una visión clara de su auténtica vocación intelectual.

Ese curso comienza estudios de Medicina. El resultado fue un profundo fracaso. No logra superar los exámenes de Física-Química y de Historia Natural: «Desesperación hasta sentir ganas de suicidarme. Para olvidar, arremeto como un loco y preparo al mismo tiempo el P.C.N. superior, el certificado de química. Tercer año perdido»[1], escribe. Desde el punto de vista psicológico se trata de un momento difícil por lo que

---

[1] MOUNIER, E., Carta a Jacques Lefrancq (25 de agosto de 1933), en *Mounier y su generación*, *op. cit.*, pp. 469-469. Es importante destacar que a lo largo de su vida y obra, Mounier aprovechó los conocimientos científicos adquiridos en este periodo de tiempo. Basta echar un vistazo a sus escritos para comprobar cómo se alude continuamente a imágenes procedentes del mundo de la medicina.

supuso de humillación y por lo que cada situación ardua exige de esfuerzo y de superación: «Toda esta contrariedad interior me había alterado un poco el carácter»[2].

Mounier vive el drama interior de quien se ve abocado a renunciar al camino emprendido, teniendo que abordar el nuevo con el dolor del primer fracaso. Cuando comenzó los estudios de medicina lo hizo por condescendencia con sus padres, quienes al contemplar a su hijo demasiado inclinado a la meditación, consideraron orientarlo hacia una vida más activa, y le insinuaron afectuosamente la vocación médica. Esta dificultad que se le plantea a Emmanuel desde el ambiente familiar, y para la que se busca una solución falsa, dado que constituye una desviación de su auténtica inclinación, será el problema que el filósofo francés irá resolviendo a lo largo de toda su vida desde la fidelidad a su vocación: conjugar la meditación con la acción. Cuando ya lleve muchos años de labor fecunda tendrá que reconocerse como «hombre de conversación, de meditación, de diálogo, que siente la estrecha responsabilidad de su meditación entre los hombres, y solo quiere seguirla en comunicación y servicio permanentes. Es en este sentido en el que yo hago la acción»[3].

Efectivamente, el mismo Mounier confiesa que los condicionamientos familiares hubieran sido fácilmente superados con una voluntad decidida y claramente manifestada. Pero el deseo y la fuerza de su vocación en esta época, como hace observar él mismo, quedaba oculto por la afección a la familia, por la timidez como condición substancial de su temperamento, y por el escrúpulo de crear dificultades familiares, sobre todo de tipo económico[4]. Sin embargo, es en medio de esta oscuridad donde se está elaborando su fe.

Una profunda crisis interior le inclina a un fervor religioso y a una soledad pacientemente sufrida, lo que provoca en él una auténtica conversión: la idea de que su vocación es dedicarse a los estudios filosóficos

---

[2]   *Ibídem.* El hecho de que diez años después de los hechos descritos Mounier los relate en estos términos, indica la contrariedad tan seria que esta vivencia supuso para su espíritu juvenil, pero reflexivo.

[3]   BÉGUIN, A., «Une vie», p. 932.

[4]   BÉGUIN, A., «Une vie», p. 932.

va madurando lentamente en él. Según Béguin, la ocasión para tomar esta decisión fue un retiro del padre Décisier. Emmanuel había conocido a este jesuita en la A.C.J.F. (*Action catholique de la Jeunesse française*), una asociación empeñada en formar agentes evangelizadores concienciados para dar testimonio evangélico en sus lugares de trabajo o estudio. Mounier formaba parte de esta organización, así como también de la Conferencia de San Vicente de Paúl[5]. En carta dirigida a su hermana la hace partícipe de todas estas inquietudes:

> El retiro —dirá Mounier— fue una revelación, no de la vida interior que, gracias a Dios, había enriquecido toda mi adolescencia, sino de la verdadera humildad que no conocía y de mi vocación de la que he dudado[6].

Un doble camino se opera en su interior: el de una actitud psicológica ante la vida y sus problemas y el de su orientación en el camino de realización de su vocación intelectual.

> Sentí que mi vida interior se secaba por un ambiente y unos estudios que no cumplían con ninguna de mis aspiraciones, sacudido por el sufrimiento y el aislamiento que mantenían una susceptibilidad orgullosa cada vez más dolorosa[7].

Mounier reflexiona íntimamente sobre su vida y toma dos decisiones. Por una parte decide abandonar los estudios científicos, dedicándose a la realización de su propia vocación filosófica. Por otra, al replantearse el

---

[5]   Véase BÉGUIN, A., «Une vie», p. 940. Esto se hace notar en que, a pesar de que Mounier vive su infancia en el ambiente de la burguesía, sin embargo su amor por la pobreza y su inclinación a la misma la experimenta desde su juventud. También, en esta época, un aspecto importante de su vida era su vida religiosa (véase la referencia en la que habla de la influencia sufrida en su formación espiritual y cristiana, BÉGUIN, A., «Une vie», p. 948).

[6]   Nótese que este documento es de valor inmediato, pues todo este estado de su alma se lo revela a su hermana el 19 de diciembre de 1925, a raíz de una carta de ella en la que apunta esto mismo o parecidos problemas vividos por ella (cfr. BÉGUIN, A., «Une vie», p. 948). En toda la vida de Mounier habría que ver siempre el valor predominante de la fe como una constante: «Mounier es ante todo cristiano, que ha nacido y ha vivido en la fe. Su vocación de filósofo al salir de la adolescencia viene del deseo que tiene de razonar su cristianismo». ROQUETTE, P., «Positions et oppositions d'Emmanuel Mounier», *Etudes* 268 (1951), p. 146.

[7]   ROQUETTE, P., «Positions et oppositions», p. 146.

problema religioso, opta por permitir en su vida personal el nacimiento de ese cristianismo heroico que va a definir en lo sucesivo el tono de su vida y de su obra, y que él mismo concretaba en esta formulación tan precisa: «El paso de un pietismo tradicionalista y burgués a la vida verdaderamente cristiana, es decir, en dos palabras, la vida de humildad y caridad»[8].

Esta crisis interior que había vivido iba a dejarle una profunda huella ideológica. De esta profunda sacudida experimentada nacerá el principio supremo de su filosofía personalista y el móvil que va a animar su misión apostólica como hombre intelectual. La personalidad del hombre de pensamiento se crea fundamentalmente a través de las crisis vitales por las que inevitablemente tiene que pasar. Mounier superó el conflicto interior adoptando una solución que progresivamente iba a irse convirtiendo en una norma de conducta que, a su vez, se iría proyectando en la creación de todo un programa doctrinal y de acción. Así afirmará: «cada vez que he sufrido una crisis de este tipo, siempre he encontrado la solución en este método, entregarme, constantemente, a todos, a todas las cosas…»[9]. Este método no solamente tendrá el valor de una experiencia vital, sino que también constituirá el centro de reflexión donde poder encontrar el fundamento de su propia filosofía de la persona. Convencido desde este momento de su propia vocación, comunica la nueva decisión a sus padres, que no oponen por su parte ningún obstáculo al cambio de orientación de sus estudios. El único reproche que le harán será el de haber retrasado tanto su apertura con ellos.

Así llega a la resolución de ir al encuentro del profesor Jacques Chevalier, cuyas conferencias sobre Malebranche y César Franck habían seguido juntos los Mounier, padre e hijo. A la salida de una de ellas, el señor Paul Mounier se acercó a Chevalier para presentarle a su hijo, cuyo deseo, le dijo, era «hacer filosofía en vista al apostolado»[10].

---

[8]   Carta a Madeleine Mounier (19 de diciembre de 1925), en A. Béguin, «Une vie», p. 940.

[9]   Carta a su hermana a finales de 1927. La carta ya está escrita cuando Mounier vive en París entregado de lleno a sus estudios filosóficos. Cfr. BÉGUIN, A., «Une vie», p. 940.

[10]   Béguin hace notar que esta seguirá siendo, por mucho tiempo, la intención de Mounier y en la que su maestro le confirmará. Chevalier anotará en su Diario del 15 de marzo de 1924 los detalles de esta entrevista y la inspiración que le produce el alumno Mounier. Se

A partir de este momento comienza un nuevo periodo en la formación cultural de Mounier, en el que va a superar esa orientación intelectual anárquica y desordenada que había padecido. Durante los tres próximos años Emmanuel experimentará intensamente la influencia de su maestro, que no solo ha de traducirse en un sentido intelectual, como tendremos ocasión de señalar más adelante, sino también en el campo de la maduración humana de su personalidad.

Con la orientación de Chevalier se plantea personalmente sus primeros problemas intelectuales, y al lado de él se inicia en lo que más tarde se convertirá en problemática de la filosofía personalista. Además, en sus primeros años de contacto, aprenderá un método de trabajo, experiencia que será fundamental en su quehacer, ya que constituye un anticipo de lo que más tarde reproducirá en la elaboración de *Esprit*. En torno a Chevalier, hombre de rica cultura y ejemplo de vida para sus alumnos, se forma un seminario de estudiantes con calor de cenáculo. A él se incorpora Mounier con el fervor de su vocación por el estudio y con el afán de generosa colaboración. De este grupo surgirán la edición de unas pocas folias que circulaban como esquemas de estudio entre los componentes del mismo. Esta experiencia resulta vital para el joven Emmanuel, y así se lo confiesa a su maestro:

> No sabría decirte el bien que me hacen cada vez estas pequeñas hojas. A cada nuevo envío siento que me invade más profundamente la vida interior de nuestro grupo, me parece que soy suyo de una manera más íntima. La grandeza de la meta que hay que alcanzar me llama y me estimula. Me parece que participando en este ideal común soy más grande que yo mismo: estoy respaldado por los que han llegado y llevado por el espíritu común y la voluntad de todos. Y como cuento con usted para educar mi inteligencia,

---

ve la relación que tal propósito guarda con los acontecimientos de la crisis vivida: «Emmanuel es un muchachote grande y rubio de ojos azules, de tez pálida. Me mira intensamente sin fijarme (a causa de un ligero defecto de visión). Parece muy intimidado en mi presencia. Es un silencioso que escucha y no dice casi nada. Cuando habla lo hace precipitadamente. Pero se le siente volcado interiormente a todo lo que digo, que él concentra dentro de sí». Cfr. BÉGUIN, A., «Une vie», p. 941.

cuento en mí con esta voluntad perseverante para disciplinar mis fuerzas y conquistar mi vida[11].

En la entrega confiada a esta labor de equipo, Mounier conquista «su vida», o mejor, descubre la auténtica misión de su vida, asegurando una experiencia que le dará lucidez y facilidad para su futura tarea. La mística de grupo que le ha infundido Chevalier será asimilada por Emmanuel, quien forma parte del mismo como un simple colaborador. Las ideas y el espíritu vividos en esta experiencia le servirán para edificar el grupo ideológico que más tarde se agrupará en torno a su propia obra: *Esprit*. Mounier lo ha descrito con las siguientes palabras:

> Nada de cenáculo, nada de capilla, sino un mismo espíritu que aproxima, une, sostiene múltiples talentos. Espíritu que no estorba en nada el desarrollo de las personalidades, ni incluso de sus tendencias propias... No tenemos ni sistema ni fórmula... Mi única regla es sentir continuamente la presencia de Dios, esto basta para expulsar el orgullo: «Pero que cada uno busque a Dios según sus gustos y por sus propios medios»[12].

En esta época Mounier vive auténticamente entusiasmado de su contacto con Chevalier, a quien define como «espíritu eminentemente católico, es decir, humano y universal»[13]. En esta definición se encuentra implícitamente contenida la concepción personal del espíritu cristiano, la cual se halla presente en todos sus escritos y en la concepción que tiene de la vida. Dicho pensamiento consiste en llevar al terreno religioso los conceptos fundamentales de su filosofía de la persona, entendida como presencia en medio de los demás para estar en permanente comunión con ellos.

---

[11]   MOUNIER, E., Carta a Jacques Chevalier (8 de diciembre de 1925), en *Mounier y su generación, op. cit.*, pp. 472-473.

[12]   MOUNIER, E., Conversaciones II (7 de mayo de 1926), en *Mounier y su generación*, op. cit, p. 474. Esta presencia de lo sobrenatural queda reflejado asimismo en la carta que dirije a Jean Guitton (28 de noviembre de 1926), donde escribe «notre groupe d'études religieuses entre futurs professeurs el études inligerus entre futuros profesores», en Béguin, A., «Une vie», p. 942.

[13]   MOUNIER, E., Carta a Francisque Gay (14 de marzo de 1926), en *Mounier y su generación, op. cit.*, p. 474.

Tiempo más tarde Mounier hará balance de este periodo de estudios universitarios en Grenoble, en una facultad de provincia, cargada de calma y sin exceso de compañeros ni de conversaciones. Estos tres años de intenso contacto con Chevalier, en los que vive entregado al estudio de la Filosofía, los definirá como «trop heureuses, trop calmes». Felices y tranquilos, sobre todo teniendo en cuenta la profunda crisis que había tenido que superar anteriormente. Además, podrían ser calificados como notablemente fecundos, ya que marcaron la hoja de ruta de quien iba a dedicar su vida al dinamismo de una revista y a la colaboración con un grupo de hombres entregados en la realización de un programa de acción. Pero al mismo tiempo, también habría que calificar este periodo como enormemente sacrificado, pues Mounier siente dentro de sí, vitalmente, el impulso constante de una participación activa en la marcha de los acontecimientos provocados por la realidad inmediata. En este sentido cabría sostener que la valoración que hace el filósofo sobre estos años de continuo contacto con Chevalier resulta incompleta y parcial. Dicha calificación ha sido realizada en el periodo de mayor actividad de *Esprit*, lo que ha provocado que en su recuerdo pesara demasiado el momento que estaba viviendo, en el que era fácil olvidar las experiencias anteriormente acaecidas.

Desde el punto de vista de su formación escolar, Mounier califica como «deformación» estos años de estudio filosófico bajo la dirección de Chevalier, sin tener en cuenta que más que una formación escolar, en él se estaba operando una maduración de su espíritu. A ella contribuyó efectivamente de manera decisiva la orientación de su maestro, que le guiaba hacia la meditación profunda, más que a la lectura abundante. Este consejo fructificó sobre todo en los primeros escritos de Emmanuel, que son más fruto de una intensa reflexión que de una erudición academicista.

El contacto personal y asiduo que maestro y discípulo mantienen queda expresado en palabras de Mounier:

> Chevalier no era un hombre que te lanzara enseguida a los grandes caminos. Alentaba mi vicio: lee poco y medita profundamente… Seguí durante tres años (1924-1927) todos los temas que quería, de vida interior más que de ciencia filosófica, salidos todos como ramificaciones de mi adolescencia… No me daba cuenta de que Chevalier, poniéndome en un régimen debilitador, me inculcaba otra forma de deformación escolar bajo razón de simplicidad y de claridad. Los amplios campos que yo tenía por el

lado de mi vida interior y de algunos temas personales inagotables permitían la evasión y sofocaban la rebelión. Ya ves, tres años fecundos y que apenas ampliaban la geografía de mi espíritu...[14].

Analizando estas líneas de autoanálisis biográfico de Mounier, que resumen los tres años en lo que vive bajo la influencia directa de Chevalier, puede verse cómo los problemas que más le preocupan y que constituyen el centro de su reflexión no son de índole estrictamente filosófico, a pesar de vivir entregado al estudio de la filosofía como cumplimiento de su vocación intelectual. Más bien, son los problemas de su propio mundo interior, que responden a las inquietudes personales propias de un periodo de adolescencia y que forman toda la trama de lo que él denomina «geografía de su espíritu». En estos años, la función fundamental de Chevalier consistió en descubrir a Mounier la importancia de desarrollar y fomentar su propia inclinación a la meditación. En último término esta orientación suponía encauzarle por el mejor método para madurar su espíritu, solucionando los problemas que personalmente vivía, descubriendo pausadamente el sentido y la riqueza de su vida interior, que es, en último término, a la que debe servir el trabajo intelectual.

En estos años de convivencia mutua entre los dos filósofos, Emmanuel experimenta un enriquecimiento interior que le conduce a evolucionar espiritualmente. Para poder dar un juicio de valor más objetivo sobre estos frutos producidos se hace necesario acudir al juicio que el maestro da de su discípulo. En el *Diario de Chevalier* están anotadas una serie de impresiones que nos muestran a Mounier en este periodo de juventud, caracterizado por una inagotable inquietud por descubrir el sentido de los problemas personalmente vividos y un interés prevalente por el desarrollo de su propia vida interior. Chevalier anota:

> Alma dócil, ferviente, transparente la de Mounier. Escapa al doble peligro de la dispersión y del ascetismo que me señala Guitton en la mayor parte de los jóvenes, y sobre todo a esa temible seguridad que a los veinte años se imagina haber abarcado todos los problemas, haberlo visto todo, comprendido todo, solucionado todo. Comunico a Mounier mi intención

---

[14] MOUNIER, E., Carta a Jacques Lefrancq (25 agosto de 1933), *Mounier y su generación, op. cit.*, p. 471.

de reunirme con él y con algunos otros de sus compañeros, para dar vueltas a todo eso y formarles. Espero mucho de él[15].

Mis enseñanzas encontraban en él una resonancia excepcional. Todavía más que su poderosa inteligencia, enemiga de todo compromiso, apreciaba en él esta alma de una calidad rara, plenamente interior, totalmente concentrada sobre sí misma, pero apasionada por la posesión de la verdad y por la conquista de las almas en la Verdad, al servicio de la cual él ponía, sin pensar, su fe, su generosidad, su desinterés, todos sus esfuerzos, físicos y espirituales[16].

Chevalier contempla a Mounier como un «hombre de sumisión». Sin embargo, en este mismo lugar anota lo que puede constituir una tentación y peligro para su discípulo: la obstinación, tanto en las verdades como en los errores defendidos. Además de estos datos respecto a la personalidad de su discípulo, Chevalier también hace constar aquellas aportaciones que considera que ha hecho en el desarrollo personal del filósofo de Grenoble:

Uno de los principales servicios que yo he podido prestar a Mounier —dejo a Dios el cuidado de juzgar a los demás— y de haberle ayudado a deshacerse de ciertos defectos y de haber combatido a su lado ciertas tendencias enojosas (pues yo era muy exigente para mis alumnos, sobre todo para los mejores); quiero decir un cierto defecto de simplicidad, una cierta carencia de aire y luminosidad en la manera de abordar los problemas, de tratarlos y de exprimir su pensamiento; una cierta inclinación a la construcción y a la sistematización; una cierta investigación que no era insensible a lo brillante o al artificio de lo formal.

Yo luchaba sin parar para obtener de él este despojamiento necesario del espíritu, del pensamiento, y de esta forma en presencia de la verdad, delante de la cual no se debía apagar. Él comprendía esto perfectamente, con su alma recta y pura, si bien él no lo cumplía siempre a mi gusto[17].

En resumen, estos años universitarios de Mounier en Grenoble tienen el sentido de una manifestación inicial de su auténtica personalidad, puesto que en ellos aparece ya apuntada la trayectoria de su vida futura. Al mismo tiempo, son un momento fecundo de maduración reflexiva sobre la configuración de su vida interior, antes de entregarse enteramente a la acción.

---

[15]   Diario de Jacques Chevalier (22 de noviembre de 1926), en BÉGUIN, A., «Une vie», p. 943.
[16]   Recuerdos y reflexiones de Chevalier, a continuación de su Diario de 28 de octubre de 1928, en BÉGUIN, A., «Une vie», p. 945.
[17]   BÉGUIN, A., «Une vie», p. 944.

Durante su estancia en la Universidad de Grenoble ha ido adquiriendo progresivamente una formación espiritual que fue madurando su espíritu, creando en él una disposición de ánimo capaz de enfrentarse con los problemas personales de su vida, como iniciación y ensayo para afrontar las dificultades que surgen en el día a día.

En junio de 1927 Mounier finaliza su estancia en la Universidad de Grenoble al obtener el diploma en Estudios Superiores de Filosofía[18]. Pocos meses más tarde llegará a París con un programa para su vocación de intelectual y dotado de una preparación espiritual que convertirá esta estancia en un momento importante para su vida. El filósofo grenoblés vislumbraba ya una carrera semi-universitaria de estudios filosóficos consagrados a la psicología del carácter (admiraba los trabajos de René Le Senne[19]). Un futuro que se presentaba sin relación aparente con sus impulsos intelectuales previos. Ahora buscaba, más que una reflexión puramente especulativa, un encuentro entre la sociología y el espíritu cristiano integral. Por otra parte, su preparación espiritual se manifiesta y se resume en una orientación y en un método de vida. Este fue el «viático doble y único» con que Chevalier preparó a «su discípulo predilecto» para que emprendiera su camino y realizara su propia obra. Es la hora de comenzar a realizar el deseo de «hacer filosofía en vista del apostolado»:

1.º Lo primero, principios firmes e inquebrantables, y una orientación muy precisa desde el comienzo, hacia un fin más espiritual todavía que intelectual, en el que se cree y se ama con toda el alma.

2.º Como útiles intelectuales yo no le entrego fórmulas, conceptos y palabras, aquellas con las que se exprime mi manera propia de ver y de traducir la verdad; él deberá forjar los suyos y el verdadero discípulo (le decía yo) no es el que repite las fórmulas sino el que propaga un movimiento recibido[20].

---

[18]   Sobre el título y su significado véase BÉGUIN, A., «Une vie», pp. 943 y 947.

[19]   René Le Senne es el principal representante de la llamada «filosofía del espíritu» francesa. Su pensamiento gira en torno a una interpretación idealista y espiritualista del criticismo de corte kantiano, lo que le conlleva a la reducción del ser a la conciencia desde un examen del espíritu y de las experiencias directas. Para profundizar más en este autor y ver las posibles coincidencias con el pensamiento de E. Mounier véase RODRÍGUEZ LIZANO, J., La noción de personalidad en René Le Senne, Tesis Doctoral, Universidad de Navarra 1994. Recuperado de: https://core.ac.uk/download/pdf/83563172.pdf

[20]   Reflexiones y recuerdos de Chevalier en Béguin, A., «Une vie», p. 944.

III
LA ESTANCIA DE MOUNIER EN PARÍS
HASTA LA FUNDACIÓN DE *ESPRIT* (1927-1932)

Mounier llega a París a los 22 años en octubre de 1927. En esa fecha comienza una nueva etapa de su vida, cargada de nuevas y ricas experiencias vitales[1]. Mounier entra en contacto con La Sorbona, la primera Universidad de Francia, lo cual supone un cambio brusco en su vida. Las primeras impresiones marcarán de forma imborrable su espíritu y su vocación intelectual y serán, sobre todo, las que de una manera especial darán el matiz específico a su vida y obra, concretadas en el carácter de combate que define a ambas.

Este encuentro con la Universidad de La Sorbona le desilusiona. En ella no se percibe la íntima amistad con un maestro en una comunión de fe, sino la pura exterioridad académica, compuesta de arribismo y de charlatanería, con la que se difundía la filosofía oficial del momento. Mounier se coloca muy pronto en la oposición, marcada por el desprecio de otros y la consiguiente soledad. Estos primeros y decisivos factores que Emmanuel adquiere a su llegada a la capital francesa le acompañarán durante toda su vida y se traslucirán en sus escritos de carácter más filosófico. Toda esta etapa se encuentra resumida en una carta en la que escribía: «París. Golpe

---

[1] En carta escrita a su hermana el 30 de octubre de 1927, casi recién llegado a París, habla de su estado de ánimo: «una atmósfera de confianza y de alegría, aunque a veces sienta la soledad angustiosa». En *Mounier y su generación, op. cit.*, pp. 482-483

sobre golpe: aislamiento, descubrimiento de la vida exterior, descubrimiento horrorificado de la Soborna, —después la catástrofe: muerte del amigo,
redescubrimiento del sufrimiento, avalancha de la duda»[2].

A través de esta manifestación sintética de sus impresiones sobre la
primera fase de su vida en París intentaremos profundizar en el sentido
de las vivencias más significativas para seguir los pasos fundamentales
que han marcado la evolución de su vida, teniendo en cuenta que estos
acontecimientos son los que más han perfilado la trayectoria de su futuro.

El primer año de Mounier en París fue difícil. El estudiante provin-
ciano llegaba a París equipado de grandes desconfianzas hacia el idealismo
oficialmente enseñado en La Soborna, al que además, siempre permanecía
congénitamente hostil. Pero él ha ido a París para terminar sus estudios
y, silenciando su repugnancia, trabaja con esa aplicación consciente y esa
flexibilidad de una inteligencia capaz de dominar cualquier tema, que
seguirán siendo en él dos virtudes constantes[3].

1. LAS PRIMERAS VIVENCIAS PROFUNDAS DE SU ESTANCIA EN PARÍS

Su traslado a la capital gala supone un cambio radical de vida que lleva
consigo el incorporar unas vivencias opuestas a las que había experimentado durante su estancia en Grenoble. Pero también en ellas su espíritu se
irá poco a poco encontrando nuevamente a sí mismo para irse reafirmando
y desarrollando en sus inclinaciones y tendencias más personales.

En París, Mounier se siente aislado intelectual y psicológicamente. A
consecuencia de ello en él surge esa reacción contra la Universidad oficial que le marcará profundamente hasta el punto de que, como observa
Ricoeur «con la fundación de Esprit, Mounier iba a probar la aventura
de una filosofía no universitaria»[4]. Precisamente por sentirse ajeno al
mundo específicamente universitario sufrirá esa sensación de soledad que

---

[2] Carta escrita a Jacques Lefrancq, (27 de agosto de 1933), en BÉGUIN, A., «Une vie»,
p. 949.

[3] BÉGUIN, A., «Une vie», p. 953. Véase la impresión que le producen los profesores
Robin, Bréhier y Brunschvicg en el primer día de clase, cfr. Carta a Madeleine Mounier (30
de octubre de 1927), en *Mounier y su generación, op. cit.*, p. 483.

[4] RICOEUR, P., «Une philosophie personaliste», *Esprit* 174 (diciembre 1950), p. 861.

le provocará una fuerte tensión, obligándole a llevar a cabo un esfuerzo para lograr seguir siendo fiel a sí mismo. De esta forma, la realidad dentro de la cual se mueve comienza a caer dentro de la categoría de lo vital, y su postura respecto a la misma no puede ser otra que la de un profundo *engagement* con ella:

> Decididamente soy incapaz de tener la actitud objetiva de estos jóvenes que se sitúan ante los problemas como una pieza de anatomía y ante su carrera como ante un mecanismo que hay que montar metódicamente hasta un punto determinado. Por lo demás, habría que saber si no es un abuso de lenguaje llamar objetividad a esta mutilación y a esta miopía[5].
>
> Soy incapaz de ponerme ante mi destino como alguno de estos jóvenes que he visto a mi alrededor, que organizan su asunto como se traza un diseño. Tengo una idea muy nítida, sí, del sentido de mi vida. Entiéndelo como un impulso y una luz más que como una dirección trazada[6].

Durante su época en Grenoble, Mounier había ido despertando un creciente interés por el conocimiento de los problemas circundantes. Ello respondía a su convicción de que el progreso intelectual debía estar en función y subordinado a la vida interior[7]. De ahí que cuando entra en la vida académica de La Sorbona y contempla su estilo, sostenga que la vida interior ha de prevalecer sobre el factor funcional de la profesión:

> «¡Oh! los espíritus limitados, las personas sentadas en una cátedra, en la tribuna, en sus butacas, las personas satisfechas, los inteligentes, los u-ni-ver-si-ta-rios! Ya ves, es necesario a cualquier precio que hagamos algo por nuestra vida. No lo que los demás ven y admiran, sino la proeza que consiste en imprimir el infinito en ella[8].

---

[5]   MOUNIER, E., Carta a Jacques Chevalier (25 de mayo de 1928), en *Mounier y su generación, op. cit.*, p. 489.

[6]   MOUNIER, E., Carta a Jean Guitton (10 de agosto de 1928), en *Mounier y su generación, op. cit.*, p. 493.

[7]   «No hables de este aturdimiento espiritual; es el peor de los anestésicos, y yo, tal y como ha enseñado Pascal después del Evangelio, no me siento atraído por la inteligencia más que en tanto que conduce a una luz mayor en la vida interior». Carta a Madeleine Mounier (noviembre de 1927) en *Mounier y su generación, op. cit.*, p. 483. Nótese también lo significativa que es esta referencia al Evangelio y a Pascal.

[8]   Carta a Madeleine Mounier (12 de enero de 1928), en *Mounier y su generación, op. cit.*, p. 486.

De ahí que él se refugie en las lecturas y amistades que le pueden ayudar más a fomentar y aumentar la riqueza de su vida interior y el impulso que siente hacia el Infinito. Por este motivo se inclina por leer y meditar los textos de Pascal. Esta actitud valorativa de su mundo espiritual necesariamente tenía que repercutir en su visión del mundo exterior, que se irá convirtiendo sucesivamente en una concepción determinada de las mismas estructuras sociales. Mounier quiere actuar impulsado por la pureza del espíritu y con una fidelidad total a las exigencias de la divinidad, por ello encontrará serias dificultades para moverse en medio de un mundo repleto de intereses bastardos. Sin embargo, estima que lo más importante es el comunicar estos ideales a los demás.

Así el filósofo de Grenoble, poco a poco se va encontrando a sí mismo como hombre y como cristiano, definiendo cada vez de una manera más clara la postura con que debe enfrentarse a los problemas humanos, sin aceptar ninguna sofisticación y siguiendo el ritmo de maduración de su propia personalidad. El gran secreto de la vida de Mounier hay que buscarlo en este esfuerzo constante que él se impone a sí mismo para poder acercarse a la realidad de los problemas humanos sin renunciar nunca a ser él mismo en el contacto con esa verdad.

> Estoy pasando, escribe él, unos días de alegría y diversión… y doy todo lo que hay en mí de juventud y fantasía. Lo que detesto es la actitud bajo todas sus formas, y en todos sus géneros, el hábil a medias que mezcla precisamente los planos y se sirve de los unos como máscara para los otros…
>
> Creo que este ardor de simplicidad es una de las cosas más mías y me siento bendecido por no haber atravesado la Escuela, que es el reino de la actitud[9].

En este irse encontrando a sí mismo va lentamente encontrando también su visión filosófica del mundo y fijando el sentido de su misión en él. Pero sin perder tampoco nunca la juventud y la fantasía que tienen que estar siempre presentes en la elaboración de su obra de pensador.

---

[9]   Carta a Renée Barbe (6 de noviembre de 1928), en *Mounier y su generación, op. cit.*, p. 497. Nótese que lo que en esta época es simple observación experimental más tarde constituirá el núcleo doctrinal de una de las partes fundamentales de su filosofía de la acción, como es el problema de la pureza y eficacia de los medios espirituales.

A los pocos meses de su llegada a París muere su gran amigo Georges Barthelemy, «el único amigo verdadero que las circunstancias y mi excesiva reserva me habían permitido conocer íntimamente: el único testimonio interior también de una juventud vivida en común, y que se lleva todo lo que había compartido»[10].

La muerte de su amigo le hace pensar de forma más intensa aún en el valor indiscutible de la amistad y del sufrimiento. En un hombre como Mounier, para quien el mundo interior era la categoría suprema en su comportamiento, la amistad y el sufrimiento tenían que vivirse con un *maximum* de sensibilidad e intimidad, pues en ellas encuentra la suma realización de la vida personal. Más tarde, amistad y sufrimiento aparecerán en su obra filosófica como dos categorías supremas en el desvelamiento del mundo personal y en la purificación de la propia vida. Una amistad íntimamente vivida es, en cierta medida, una identificación personal, que únicamente puede resultar de una auténtica comunión espiritual. En estas fechas Mounier lo intuye ya y de esta vivencia radical pasará posteriormente también a la formulación filosófica.

La muerte de su amigo viene a ser una ocasión que le obliga a revisar las categorías sobre las que va apoyando cada vez más «su modo de ser». Solo el golpe brusco es capaz de hacer reexaminar lo que normalmente se acepta como válido. Solo la muerte es capaz de hacer reflexionar con total lucidez en el sentido de la amistad y del sufrimiento, sobre todo cuando supone la pérdida de lo más personal. Solo la amistad íntima es capaz de recoger lo más secreto de la persona, porque solo en la auténtica comunión puede encontrarse la persona. Mounier confesará que la muerte de su amigo le había supuesto una ruptura interior: «Mi amistad con él es la más espontánea que he conocido, y si el tiempo nos lo hubiera permitido... Siento que algo de mí se muere con esta amistad y estos días son muy tristes»[11].

---

[10]   Carta dirigida a Jean Guitton (9 de enero de 1928), en Béguin, A., «Une vie», p. 951. La muerte de su amigo había tenido lugar el 5 de enero de 1928.

[11]   Mounier, E., Carta a Madeleine Mounier (2 de enero de 1928), en *Mounier y su generación*, *op. cit.*, p. 485.

Georges Barthelemy había significado en su vida personal el apoyo mutuo en el futuro esperanzador, que es la expresión de «lo común» en la auténtica vida de comunión, a la que Emmanuel había llegado:

> No te puedes imaginar lo que se ha hundido en mí con esta amistad tan espontánea que desaparece. Era para mí el amigo, el único entre los de mi edad que se ha adentrado profundamente en mi intimidad, a quien yo he abierto algunos santuarios. Ni siquiera los he abierto nunca: tan inmediatamente nos habíamos encontrado en el mismo plano, con la misma sensibilidad y las mismas aspiraciones, en armonía hasta nuestras divergencias que estaban animadas por la misma aspiración[12].

La comunión llega a experimentarse como valor supremo de la vida personal en el momento del sufrimiento, y es entonces cuando la eleva al plano de presencia mutua. A su vez, presencia y comunión son dos valores que hacen posible la aceptación del sufrimiento y en esta aprobación, la comunión —que es superación de la simple comunicación— se convierte en mutua presencia. En este sentido escribe Mounier: «Estos últimos tiempos vivíamos en un silencio que decía de un lado: "Comprendo todo lo que ocurre", y por otro: "Sé que tú me comprendes, pero ahórrame el dolor de hablar"»[13].

Este análisis sobre el sentido de la muerte del amigo es una reflexión anticipada sobre lo que más tarde va a convertirse en meditación filosófica sobre el mundo de la persona. El hecho de hacerlo constar aquí tiene el significado de una confirmación anticipada del sentido vivencial que acompaña a toda la obra filosófica de Mounier, que va siempre desde la experiencia vivida a la formulación conceptual de la misma. De esta forma la búsqueda de la verdad, que para él siempre presupone generosidad y desinterés, se ve acompañada de las lecciones que desprende el acontecimiento. Las experiencias más ricas en enseñanzas son aquellas que la propia persona vive en su mundo interior. La misión del intelectual consistirá en hacer comunicable su doctrina, con objeto de enriquecer la vida personal

---

[12]   MOUNIER, E., Carta a Madeleine Mounier (8 de enero de 1928), en *Mounier y su generación, op. cit.*, p. 485.

[13]   MOUNIER, E., Carta a Madeleine Mounier (10 de enero de 1928), en *Mounier y su generación, op. cit.*, p. 485.

también de los demás, que en último término es la realización práctica de la vida personal de intercomunión, porque la categoría suprema de la persona reside en un darse a los otros. Esto que ahora Mounier intuye, quedará reflejado bajo formulación:

> El acontecimiento será nuestro maestro interior...El intelectual tiene como misión (e incluso como sacerdocio) buscar la verdad y juzgar: *Homo espiritualis judicat omnia*. No el justificar los actos de los poderosos o poner contrafuertes a su poder, aunque este poder sea dialécticamente útil. Esta autoridad moral que se nos reconoce no es una capital en depósito, es un producto corruptible que cada uno de nuestros actos madura o destruye[14].

La persona tiene el deber interior de darse a los demás y comunicar las propias vivencias, pues el fruto del espíritu es contribuir a humanizar a los demás: «se ha perdido el sentido del verbo darse (incluso la inteligencia se convierte en propiedad) y esta es la causa de muchas ruinas humanas»[15]. Para el filósofo grenoblés la misión del intelectual consiste, por consiguiente, en cumplir una misión y ejercer un sacerdocio que esté orientado a desentrañar el contenido espiritual de los acontecimientos. Esta es la labor propia del hombre de pensamiento, que es quien de verdad sabe descubrir en el acontecimiento toda su hondura. Por eso, a propósito de la muerte del amigo, Mounier escribe:

> Llegué a París con un alma y unos nervios más que tensos. ¿Por qué? Habría que remontarse muy lejos y explicarte por lo menos seis meses de vida interior. En ella he encontrado desde el primer paso, después de las vacaciones que fueron como una infancia en un jardín, la presencia alucinante de un amigo cuya muerte no fue solamente una herida afectiva abierta todavía, sino un drama metafísico que se extendió lentamente hasta recubrir para mí la metafísica y por este manto de humanidad extendido sobre las cosas divinas se han ido a mis ojos el cielo y la tierra mediante esa capa de humanidad extendida sobre las cosas divinas[16].

---

[14]   MOUNIER, E., Carta a Jean-Marie Domenac (mediados de septiembre de 1949), en *Mounier y su generación, op. cit.*, p. 927.

[15]   MOUNIER, E., Carta a Madeleine Mounier (28 de enero de 1928), en *Mounier y su generación, op. cit.*, p. 487.

[16]   Carta a Renée Barbe (noviembre de 1928), en *Mounier y su generación, op. cit.*, p. 439.

Como tal drama metafísico, desde su hondura humana más radical, remite a un orden religioso que proyecta auténticas consecuencias de carácter espiritual para el mundo de la persona. En los momentos de mayor intensidad humana es cuando aparecen los de mayor penetración cristiana. De ahí que para Mounier, hombre de pensamiento, la muerte del amigo haya calado en su vida con toda la hondura del drama metafísico que se abre a la trascendencia de la solución cristiana y signifique para él, en su sentido último, el descubrimiento del valor cristiano del dolor y, en definitiva, de su significado como realidad que facilita la aproximación del hombre a Dios. Así, en su correspondencia, hay un texto que señala el carácter decisivo y el enriquecimiento espiritual que reviste este acontecimiento para su vida, ya que le hace ver que esta experiencia es lo que le permite conocer la condición humana en toda su grandeza:

> Como en un éxtasis, con el alma desnuda como estaba aquella tarde, sentí pasar todo el problema humano; tuve, se lo digo sin rodeos, como una alucinación de lo divino... Qué cierto es que el sufrimiento nos abre los caminos de Dios. A pesar de lo irreparable, estos días son de los más ricos: por adelantado, se los rechazaría; después no se querría haber dejado de vivirlos...[17].

Lo que caracteriza realmente la forma de vivir, que Mounier bautiza como «drama metafísico», no es ni la desesperación ni la angustia, sino el auténtico clima de sufrimiento. Este implica un valor moral en cuanto que supone una liberación de todo aquello que en la vida humana reviste carácter de superfluo y una toma de conciencia de lo más absolutamente humano, la capacidad de superación y de abertura a una dimensión nueva, radicalmente religiosa. Por eso, el sufrimiento nos permite encontrarnos a nosotros mismos al descubrir dentro de sí la presencia del otro. Así, el dolor da a la vida humana una dimensión fecunda y esperanzadora, al mismo tiempo que se convierte en el mejor camino para descubrir la realidad última de la persona. Esta categoría del sufrimiento pasará a ocupar en la

---

[17] MOUNIER, E., Carta a Jacques Chevalier (25 de enero de 1928), en *Mounier y su generación, op. cit.*, pp. 486-487.

reflexión filosófica del personalismo el puesto que ocupa la angustia en el existencialismo.

Para Mounier, como dice Béguin, el sufrimiento «es no solamente aceptado sino acogida en la fe como una fuente de vida»[18]. En una preciosa carta dirigida a su hermana ha analizado detalladamente el hondo significado que ha tenido el sufrimiento en su vida. Esta vivencia, mejor que ninguna otra, se verá transformada en centro de reflexión filosófica, ya que nos facilita la inteligencia, que es penetración lúcida en el interior de las cosas. Así escribe:

> Es muy cierto que solo nos encontramos en el sufrimiento. Se necesita eso para entender, se necesita eso para progresar, se necesita eso para amar. Después de la muerte de Georges, a pesar de mi dolor, sentí como una liberación. Y desde esta muerte, ¡qué progreso he hecho en la comprensión de las cosas humanas, en el conocimiento de mí mismo, qué enriquecimiento, qué maduración de lo que hay en mí! Por supuesto, el sufrimiento no puede ser la meta, pero en estos momentos, y solo en estos momentos, uno tiene la conciencia de participar en una gran obra de redención. Y estos son momentos que no me hubiera gustado no haber vivido, que casi llamaría, si no se involucraran con ellos lo irremediable… Me parece que si hubiera sufrido mucho más, hay muchas cosas que habrían germinado en mí que no tuvieran un terrero suficientemente labrado. Pero tal vez sea mi indolencia la que habla ahora[19].

Todas estas observaciones de Mounier en torno al sufrimiento irán perdiendo este carácter de simples intuiciones, directamente surgidas de la experiencia vital, para irse convirtiendo en auténticas convicciones sobre las que fundamentar su línea de pensamiento filosófico. El dolor, que ahora ha sido descubierto en su dimensión humana y en su raíz metafísica, más tarde será contemplado en su dimensión comunitaria, sobre todo con ocasión de la enfermedad de su hija, momento en el que resalta de una manera sublime su apertura religiosa, enmarcada en el contexto del misterio cristiano.

---

[18] BÉGUIN, A., «Une vie», p. 952.
[19] MOUNIER, E., Carta a Madeline Mounier (1928), en A. Béguin, «Une vie», p. 952.

Lo cierto es que este primer descubrimiento de la realidad del dolor y la reflexión sobre el mismo ha dejado en él lo que definiría como una «herencia espiritual»[20], que consiste en lograr una idea clara del sentido de su vida, en el que habría que encajar la función intelectual como instrumento de crecimiento espiritual y de cauce transformador que desemboca en lo auténticamente humano. Para Mounier esta es la verdadera misión de la filosofía.

A raíz de la muerte de su amigo, Emmanuel confesará más tarde que durante un año o dos se opera en él una reconversión intelectual y religiosa, que consistió esencialmente en un replanteamiento de la orientación de su vida, a la luz de este acontecimiento trascendental. Evidentemente que el clima psicológico que vive es una proclamación de la vivencia íntima del sufrimiento, y la solución que para ello ha de adoptar será la aplicación del significado que ha dado a este acontecimiento crucial de su vida. La reconversión religiosa no supone un alejamiento de lo religioso por indiferencia e indolencia, sino por insuficiencia de formación doctrinal. En este campo ha vuelto a examinar los problemas religiosos[21].

Además, la pérdida de Barthélemy tiene para Mounier unas consecuencias inmediatas en cuanto a la orientación de su vida social en París. El vacío provocado y «el sentimiento de soledad por la muerte del amigo no es ajeno a la impaciencia con la que se verá a Mounier desde entonces buscar los contrastes humanos y las ocasiones de diálogo, adherirse a las agrupaciones constituidas o tomar la iniciativa de fundar nuevos grupos. Así se prepara su destino de animador y su vocación "comunitaria". Así se prepara también, de lejos, a través de la experiencia del dolor y el largo tiempo de vida solitaria, el completo desarrollo personal que debería producirse solamente al momento de su matrimonio»[22].

---

[20]   «Tengo la impresión, con una de esas certezas más allá de las almas, de que mi amigo Georges me ha dejado un conjunto de herencias espirituales». Carta a Jean Guitton (10 agosto de 1928), en *Mounier y su generación, op. cit.*, p. 436.

[21]   Cfr. MOUNIER, E., Carta a Madeleine Mounier (marzo de 1935), Carta a su hermana en *Mounier y su generación, op. cit.*, p. 482. Nótese que al hacer una crítica de su propia formación religiosa, simultáneamente señala la deficiencia social y el error que comete la Iglesia al interrumpir la formación en una edad temprana mientras la sociedad civil la continúa.

[22]   BEGUIN, A., «Une vie», p. 952.

La experiencia de vida íntima compartida con otra persona, no volverá a repetirse hasta los días en que conoce a la que sería su mujer y acaso previamente en su amistad con Lefrancq: «con J. Lefrancq es la primera vez que he sentido la posibilidad de una amistad complementaria acorde a mí, después de la muerte de Georges»[23].

En síntesis, para Mounier la muerte de Georges Barthelemy ha significado el descubrimiento de un valor esencial para su concepción de la vida: la necesidad de encontrarse a sí mismo en la comunión con el otro. Como esto lo ha descubierto a través del sufrimiento, este se convierte en categoría fundamental de la intercomunión personal. Así surge uno de los puntos centrales de su filosofía del mundo personal.

2. LOS CONTACTOS INTELECTUALES DURANTE SUS PRIMEROS AÑOS DE ESTANCIA EN PARÍS

Desde la época de Grenoble, Mounier había mantenido correspondencia con Jean Guitton, trabajador de la Fundación Thiers[24]. Al llegar

---

[23] MOUNIER, E., Carta a Paulette Leclerq (17 de marzo de 1933), en *Mounier y su generación, op. cit.*, p. 592. Lefrancq nació en 1897 en una familia de tradición liberal. Tras perder a su madre a la edad de seis años, es criado por su hermana mayor en un clima de dureza y poca comprensión. En 1914 se alista en el ejército y un año más tarde participa en la guerra con una intención suicida. Del combate regresa psicológicamente roto. Trabaja como funcionario del Museo de Arte e Historia de Bruselas, aunque su pasión es la filosofía, la estética, la literatura y especialmente la psicología. En 1932 recibe la invitación a participar en la creación de *Esprit*, lo que le conduce a abandonar inmediatamente el consejo de *Équilibre[s]*, un proyecto que acababa de fundar con algunos amigos universitarios. El 23 de marzo de 1932 se doctora en Historia del Arte en el Instituto Superior de Historia del Arte y de Arqueología en la Université libre de Bruxelles con una tesis titulada *Ensayo sobre la Clasificación de Bellas Artes*. Durante esta época Leclerq experimenta una conversión al cristianismo que le marcará toda su existencia. Fascinado por el movimiento Esprit invita al entonces profesor del Liceo Francés Emmanuel Mounier a Bruselas, donde este conocerá a la que será su futura mujer, Elsa Paulette Leclercq. Jacques Lefrancq murió en octubre de 1949.

[24] Mounier se había encontrado en Grenoble con un amigo de Guitton que, pensando en la «agregación», le propone hacer un grupo de helenistas seguidores de Platón, con reuniones semanales (Véase MOUNIER, E., Carta dirigida a Madeleine Mounier (28 de noviembre de 1926), en *Mounier y su generación, op. cit.*, p.. 475). Es muy fácil que conociera directamente a Guitton a través de la presentación de Chevalier que, sin duda, había conocido

a París se pone en contacto con él. Por medio de Guitton, Emmanuel conoce al P. Pouget[25]. Refiriéndose al valor de su entrada en contacto con este fraile lazarista escribe Mounier: «nunca podré agradecerle bastante el haberme presentado al P. Pouget. Cuando estoy en su presencia me parece que estoy ante la verdad»[26]. En un clima de agradecimiento por el hecho de ser su alumno, el filósofo grenoblés se reúne dos veces por semana con el religioso para trabajar sobre temas bíblicos. Daniélou recuerda sobre este particular:

> Mounier leía los papeles fotocopiados de M. Pouget. Estos papeles eran verdaderos cursos de teología sobre el pecado original, sobre la encarnación y la redención que representaban un esfuerzo de reflexión filosófica sobre la teología. El interés demostrado por Mounier hacia las cuestiones de teología seguirá siendo una de las marcas de su pensamiento[27].

No cabe duda de que Mounier demostró interés y admiración por las enseñanzas del P. Pouget. A los ojos de Mounier este fraile encarnaba lo que consideraba el ideal de su vida como hombre cristiano. Tenía una concepción eficaz y viva del cristianismo desde el punto de vista doctrinal,

---

a este a través de sus contactos con el P. Pouget, pues este es «el amigo inspirador», como afirma Mounier. Más tarde también Emmanuel, a través de Chevalier y Guitton, entabla contacto con el P. Pouget.

[25]   Así sintetiza Mounier los datos biográficos de Pouget en una ficha, fechada el 7 de diciembre de 1928:

«Nacido en Cantal. Pastor hasta los doce o trece años (su inteligencia descubre a los cuatro años la demostración de la superficie de la elipse). Cuando se dieron cuenta fue enviado al seminario menor. Allí, aunque era más listo que sus compañeros, hace mal, a propósito, sus deberes escolares para ser calificado peor (a los ochenta años encuentra esto estúpido). Una estatua de san Vicente de Paul le decide a hacerse lazarista. Comienza su carrera en la enseñanza. Enseña de todo: matemáticas, física, geología, etc. Enviado dos o tres años a Évreux, vuelve después para dirigir un seminario menor en Saint-Flour (donde había un jardín botánico). Vuelve por fin a la casa central resto de su vida. Allí empieza sus estudios bíblicos con Loisy y otros … estudia geología para sistematizar la geología de la Biblia (ahora se ríe de ello), aprende hebreo y empieza a estudiar las Escrituras sobre los textos hebreos, griegos y latinos, que ahora sabe de memoria. En 1908 lo cesan por su enseñanza escriturística y se queda ciego poco a poco». Tomado de BOMBACI, N., «Mounier y el padre Pouget. La fe y la razón: un binomio posible», *Acontecimiento* 56 (2000), p. 49.

[26]   MOUNIER, E., *Mounier y su generación, op. cit.*, p. 428.

[27]   Testimonio de J. Daniélou, recogido en BÉGUIN, A., «Une vie», p. 959.

y su historia era el testimonio viviente de la pureza del mismo porque transparentaba la pobreza más evangélica y la humildad auténtica en el retiro de la sencillez. De esta forma no solo era arrastrado por la fuerza de su pensamiento, sino también por el ejemplo de su vida. El mismo J. Guitton ha hecho notar la importancia que para Mounier, tan preocupado siempre por dar una frescura doctrinal a los problemas religiosos, ha tenido este trato continuado con este religioso: «Emmanuel Mounier, que ha vivido largo tiempo en la celda con el P. Pouget, ha robustecido allí su concepción tan eficaz del cristianismo y allí ha contemplado un ejemplo sublime de pobreza evangélica y de independencia humilde y soberana»[28].

A este respecto es muy significativa la impresión que le produce la muerte del P. Pouget y el tono en que escribe, comentándola a su antiguo maestro Jacques Chevalier: «la pobreza del hombre es la gloria de la Iglesia. Era muy conmovedor... Creo que nuestros años futuros deben estar hechos de pobreza. Dios sabe bajo qué forma»[29].

Ciertamente, en sus primeros años de estancia en París, Mounier encontró en el P. Pouget un punto de apoyo para ir lentamente madurando sus grandes inquietudes religiosas, al mismo tiempo que un lugar de refugio y amparo para ir clarificando los problemas intelectuales que le iba descubriendo su carrera universitaria. De esta forma, la vida religiosa de Mounier va adquiriendo una profundización cada vez mayor y va tomando conciencia de dos temas fundamentales en ella como son la pobreza y la alegría.

3. LA ETAPA FINAL DE SUS ESTUDIOS UNIVERSITARIOS

No debemos olvidar que Mounier no ha ido a París solamente para finalizar sus estudios universitarios, sino también para solucionar su porvenir social. Por ello, a finales de julio de 1928, se presenta al prestigioso examen de *agregation* para ser profesor de Filosofía. En una carta dirigida

---

[28]   Testimonio de J. Guitton (27 de febrero de 1933), recogido en BÉGUIN, A., «Une vie», p. 959.

[29]   MOUNIER, E., Carta a J. Chevalier (29 de febrero de 1933), en *Mounier y su generación, op. cit.*, p. 590.

a su hermana expone el estado de ánimo con que afronta la prueba y el significado que puede tener para su vida futura:

> Te reirás si te digo la curiosa manera con que pienso en la oposición y en un posible éxito. Ningún deseo ni temor por el examen en sí, excepto la pura mieditis fisiológica. Pienso en esto como en un inmenso paquete que podré tirar al fin, una puerta que va a abrirse. En definitiva me importa un rábano ser catedrático. No ser un opositor, esto es lo que me interesa[30].

Para Mounier esta prueba supone una nueva ocasión de reafirmar la pureza de su vocación, que le obliga a superar el sentido de seguridad y bienestar que en cualquier otro estudiante podría suscitar, unido a un radical desprecio de esa tranquilidad material que ofrece el tener el camino abierto para una colocación profesional.

Emmanuel supera brillantemente la prueba, demostrando en alguno de los exámenes su solidez intelectual y su honradez humana[31]. El filósofo francés se muestra satisfecho ante el éxito inesperado y la liberación definitiva del carácter academicista del examen. Sin embargo, como confiesa a Chevalier, con quien sigue íntimamente ligado todos estos años, aún no se siente reconciliado del todo con el optimismo, puesto que no ha cumplido la misión recibida[32]. Lo cierto es que en este momento comienza un nuevo periodo en su vida, que puede caracterizarse por un trabajo intelectual de tipo rigurosamente personal, en el que ha de prevalecer el esfuerzo de elaboración de las propias ideas, en el que se haga ya más inmediata su gran ambición de «realizar apostolado a través de la Filosofía». Mounier inicia su juventud lleno de ilusión y optimismo sereno porque ha llegado el momento de comenzar plenamente esa realización anhelada por sí mismo.

---

[30]   MOUNIER, E., Carta a Madeleine Mounier (10 de junio de 1928), en *Mounier y su generación, op. cit.*, p. 491.

[31]   Mounier hace partícipe a Jean Guitton en una carta de todas las calificaciones obtenidas en las diversas materias y de esta confesión hecha por parte de algunos profesores respecto a su actitud. Ver Carta a Jean Guitton (5 de agosto de 1928), en BÉGUIN, A., «Une vie», *art. c*, pp. 953-954.

[32]   Cfr. Carta a Jean Guitton (5 de agosto de 1928), en BÉGUIN, A., «Une vie», *art. c*, pp. 953-954.

Mounier empieza a descubrir que lo ordinario en la vida puede ser fuente de optimismo. Para él, ser joven significa estar siempre presente ante la vida y ante el futuro: «No todo está perdido con nuestros veinticinco años y nuestras decepciones. Siempre hay un medio de hacer algo, y muy bueno, con la materia cotidiana»[33]. En la misma línea escribe en otra de sus cartas: «Veinticinco años es la puerta de la vida que se abre con toda su grandeza ante el Infinito»[34]. En estos textos está apuntada una de las características fundamentales que nos descubre que el ideal de su vida no lo concibe como una realización de grandes empresas, sino como una expresión auténtica y rigurosa de la propia vida en cada una de las obras a realizar. En el pensamiento mouneriano el heroísmo no consiste en la grandeza de la obra a realizar sino en la autenticidad y fidelidad al propio ser personal con las que cada realización nos enfrenta. Aquí radica en último término la grandeza esencial del valor del testimonio personal, que no se puede definir desde el plano de la grandiosidad, sino desde la rigurosidad de la autenticidad.

La juventud se le ofrece a Mounier como la época ideal para la realización de la obra con la que sueña, que tal como la concibe, ha de consistir más que en la elaboración de unas ideas, en la creación de un espíritu. Para ello será preciso conservar el sentido de la juventud[35]. Así, toda su obra puede ser definida como «de juventud». Desde esta perspectiva hay que interpretar sus características, que en muchos casos no pueden quedar reducidas a simples deficiencias, sino como derivaciones de «esa manera virginal de pensar y de obrar» que se proyecta en una doble dimensión: de creación de su propia personalidad y de formulación de un pensamiento que esté al servicio del desarrollo personal de los demás. En este sentido,

---

[33] MOUNIER, E., Carta a Madeleine Mounier (19 de junio de 1929), en *Mounier y su generación, op. cit.*, p. 506.

[34] Carta a Madeleine Mounier (26 de noviembre de 1926), en Béguin, A., «Une vie», p. 929. La carta está dirigida a su hermana al cumplir esta los 25 años. El valor psicológico que la cita encierra reside en que hace ver cómo es para él realidad lo que antes era un simple sueño.

[35] En ese sentido escribe a su hermana: «Yo diría de la juventud que es una manera virginal de pensar y de obrar» Cfr. Carta a Madeleine Mounier el 26 de noviembre de 1926, en BÉGUIN, A., «Une vie», p. 929.

para Mounier, la vida del espíritu debe entenderse también desde un doble movimiento: uno de enriquecimiento individual y otro de expansión hacia los demás.

En el pensamiento mouneriano crear supone siempre, tanto dentro como fuera de sí, conservar el auténtico secreto de la juventud. Desde este punto de vista, la juventud se desarrolla en el transcurrir de los años, que aportan una plenitud cada vez más rica. Por tanto, la madurez no ha de ahogar la juventud, sino que debe desarrollarla progresivamente. En consecuencia, para la inteligencia de la obra doctrinal de Mounier y la interpretación de la trayectoria de su acción será imprescindible tener en cuenta este método que en último término responde a una actitud vital previa.

4. LA TESIS DOCTORAL

Emmanuel comienza la elaboración de su tesis doctoral a los veinticinco años. Esta, tal como la concibe, habría de ser su primer trabajo intelectual verdaderamente empeñativo. Esencialmente no debería ser solamente resultado de un esfuerzo intelectual, sino el fruto de su personal enriquecimiento humano, que consecuentemente no habría de tener el carácter de una obligación que hay que cumplir, sino de una exigencia interior que hay que satisfacer con objeto de que, efectivamente, fuera respuesta a las cuestiones planteadas por sus mismas inquietudes personales: «Soy incapaz de imponerme mi tesis, será necesario que surja en mí y que después germine conmigo, pero siendo respetuoso con ella, sin forzarla»[36].

Tras lograr conseguir una beca para la investigación, comienza el proceso de elegir un tema y lo hace con verdadera escrupulosidad. Ante todo, la tesis significa comprometerse seriamente en una obra humana, lo cual supone una pureza de intención y una rectitud de conducta. Ahora necesitaba dar con el tema que pudiera empeñarle a fondo en lo que constituían sus preocupaciones intelectuales y humanas. Todas ellas se encontraban situadas en un plano abierto al campo de lo moral y de lo religioso. Delimitar la cuestión a estudiar en su tesis fue para él la tarea

---

[36] MOUNIER, E., Carta a Jean Guitton (18 de agosto de 1928), en *Mounier y su generación, op. cit.*, p. 493.

más difícil. Temas como el pecado, la culpa, la responsabilidad en la visión cristiana, le resultan atractivos. En este sentido escribe: «¿Mi tema de tesis? Le dejo madurar porque una tesis a mis ojos es más una obra humana que un trabajo intelectual. Se situará en la frontera del futuro moral y religioso y versará por consiguiente sobre alguna cuestión de actualidad»[37].

Al final se decidirá a estudiar la mística del español Fray Juan de los Ángeles (1536-1609). Con el fin de documentarse realizará un viaje a España durante tres semanas de la primavera de 1930[38]. Sin embargo, tal y como cuenta Béguin, «en su diario de viaje, vemos a Mounier mucho más atento a los paisajes y rostros humanos españoles que a los tesoros de la biblioteca»[39]. Lo cual prueba, una vez más, el tipo de vocación intelectual que hay en Mounier, para quien el estudio sin la acción resulta insuficiente. Finalmente, este proyecto de la tesis queda relegado a segundo plano al emprender la redacción de su ensayo sobre Péguy, publicado en 1931. Más tarde abandonará definitivamente el proyecto al comenzar a hacer las primeras gestiones y entablar los primeros contactos necesarios para la fundación de la revista *Esprit*.

Lo cierto es que en Mounier no había desaparecido la antipatía hacia lo oficialmente universitario y su gusto por las preocupaciones y tareas extra-universitarias cada día tendían a prevalecer más en él.

5. ÉPOCA DE PROFESORADO

Durante los años que dedica a su trabajo de doctorado, Mounier ejerce ya la enseñanza, la cual ocupa una buena parte de su actividad. Es la primera ocasión real de poder realizar lo que hasta ese momento no ha sido más que una simple aspiración «hacer de la Filosofía un apostolado». Sobre todo, es el momento de poder comunicar la riqueza de su vida interior.

---

[37] Carta a Jéronime Martinaggi (1 de febrero de 1929), en *Mounier y su generación, op. cit.*, pp. 499-500.

[38] En uno de sus diarios aún inédito, titulado *Entreties avec L'Espagna*, narra su paso por Barcelona, Montserrat, Zaragoza, Madrid, Escorial, Salamanca, Ávila, Toledo, Córdoba, Sevilla, Valencia (Cfr. GUY, A., «L'Espagne dans la vie et l'OEuvre de Mounier», en A. Heredia (ed.)., *Mounier a los veinticinco años de su muerte*, Universidad de Salamanca, Salamanca 1975, p. 118.

[39] BÉGUIN, A., «Une vie», p. 954.

Mounier se inicia a la enseñanza en la escuela libre, en el Colegio «Saincte Marie de Neuilly», dirigido por Mme Danielou[40]. Más tarde, entre 1931-1932, enseña en el Liceo de Saint-Omer. Posteriormente en Bruxelas y finalmente, durante la guerra, en Viena.

El ideal de su vida de profesorado es el ejercicio de la generosidad, que quiere enseñar tal como él desea practicarla. Sobre este ejercicio pretende establecer toda una filosofía. Durante estos años de enseñanza todavía no podrá manifestarse con sus ideas personales, que había comenzado a madurar en este momento de su trabajo intelectual. El profesor —al menos así lo entendía Mounier— se debe a las necesidades de los alumnos. En consecuencia, le parece más importante la exposición objetiva de las ideas comunes que el sembrar apologéticamente las propias convicciones del profesor. Sin embargo, no podrá evitar imprimir su sello personal a las cuestiones explicadas.

Recogiendo impresiones y testimonios de sus alumnos puede apreciarse que esta es la realidad que se transparenta de su vida. Así, podemos leer en una de las notas de Paul Vignaux:

> Se sintió preocupado por su responsabilidad intelectual con respecto a posibles vocaciones filosóficas; estuvo atento a detectar los indicios, a fortalecer su crecimiento, a consolidar opciones que se hubieran considerado demasiado ambiciosas sin su apoyo. Esta generosidad del profesor hacia el alumno, una generosidad personal que se manifiesta en la atención que un adulto le da a un adolescente, estaba en armonía con la objetividad de la que acabamos de hablar. Mounier, frente a los adultos, se convirtió en un hombre de combate en el que la violencia de la convicción era un arma, tanto frente a las inteligencias inexpertas, solo se mostró ansioso por hacernos

---

[40] Madeleine Clamorgan (1880-1956) o Madeline Daniélou (después de casarse) fue la fundadora de una sociedad de vida apostólica femenina: la comunidad apostólica de Saint-François-Xavier, que tiene como uno de sus principales carismas aunar valores cristianos e intelectuales. Para materializar este ideal, funda las universidades Sainte-Marie y las escuelas Charles-Péguy. Mounier conoce a madame Daniélou por medio de su hijo Jean Daniélou (1905-1974), quien era director de la Maison de la Jeunesse, donde Emmanuel se aloja en 1928 al llegar a París, siempre con la ayuda de Chevalier. Jean Daniélou, futuro cardenal y prestigioso teólogo con grandes aportaciones en el Concilio Vaticano II, será quien introduzca a Mounier en círculos de intelectuales y artistas que se reunían en la casa del matrimonio Jacques y Raisa Maritain, en Meudon.

capaces de la verdad en nosotros mismos dando los medios intelectuales para encontrarlo, sin querer jamás imponernos ningún dogmatismo, sea el que sea[41].

En las explicaciones que brinda en sus clases del Liceo de Sant-Omer Mounier ya apunta ideas que más tarde se convertirán en conceptos fundamentales de su filosofía de la persona. Convencido de que la filosofía ha de ser el reflejo vivo de la vida espiritual del hombre que la hace, insistirá en la preocupación moral que debe acompañarla. La propia vida interior del hombre es la que debe hacer sentir la necesidad del cumplimiento de una moral, por ello habla a sus alumnos del *engagement*, lo que será clave en su conjunto doctrinal: «Nos habló de la necesidad del *engagement*: "Los principios de la acción moral no se manifiestan a nuestra inteligencia más que si los practicamos"»[42].

Mounier era para sus alumnos un hombre radiante de alegría interior. Sus clases estaban impregnadas constantemente de los pensamientos de Pascal y Bergson, filósofos en los que encontraba eco su concepción de la persona y la idea central de su ética. Su magisterio es realizado desde un contacto personal, haciendo de la comunicación de ideas un auténtico diálogo, y concibiendo las clases como una escuela de enseñanzas para alumnos y profesor: «Él nos repetía frecuentemente: "no se posee sino lo que se da"»[43]. En torno a esta expresión acuñada ya entonces por él, iba creando en sus alumnos un clima de generosidad que coincidía con el que él intentaba vivir.

Por otra parte, durante estos primeros años de profesorado Mounier comienza a hacer de la enseñanza un auténtico contacto personal y de la comunicación de las ideas, un verdadero diálogo de intercomunión personal. Es una nueva experiencia que enriquecerá enormemente su vida personal. Sus clases son diálogos, improvisados trozos de poesía, incisivas

---

[41]   Notas de Paul Vignaux, recogidas en Beguin A., «Une vie», p. 955.

[42]   Testimonio de madame Duhameux recogido en Béguin, A., «Une vie», p. 956. Nótese que la observación tomada sobre la clase de Mounier es de mayo de 1932, cuando nuestro filósofo vive intensamente el problema de la fundación de una revista y del programa doctrinal que ella ha de tener.

[43]   Testimonio de Mdm. Duhameux recogido en Béguin, A., «Une vie», p. 956.

invitaciones al heroísmo moral, sintiendo, por otra parte, toda la estrechez del ambiente y la limitación del eco de su magisterio. En esta línea, el testimonio de uno de sus alumnos señalaba que «Mounier no estaba hecho para un campo de acción restringido, y su vocación profunda estaba exigiendo el que tomase sobre sí riesgos mayores»[44]. Su proyecto ambicionaba otro tipo de metas que traspasaban los muros de cualquier aula. Finalmente cristalizará con la creación de la revista *Esprit*, cuyo significado tendremos ocasión de estudiar detenidamente más adelante.

6. EL DESCUBRIMIENTO PERSONAL DE PÉGUY

Hasta junio de 1929 Mounier vive a lo largo de todo un año en una residencia de estudiantes, la «Maison de la jeunesse» de la Rue du Four. Allí establece contacto con el grupo de sacerdotes y laicos fundado en Milán por el Cardenal Ferrari, que se agrupaba bajo el nombre de «La Compañía de San Pablo», y que en Francia estaba animado por Jean Danielou, director de dicha residencia. Según este, fue en aquel cenáculo donde Mounier tomó contacto con la obra de Péguy, un hecho que le marcaría de por vida[45]. Allí nace un proyecto que consistía en elaborar un ensayo sobre la vida de Charles Péguy, en el que su hijo, Marcel Péguy se encargaría del pensamiento político y social, Georges Izaard del pensamiento religioso, y Mounier de la visión de la persona y la sociedad. Aunque Emmanuel ya había tenido previamente algún contacto con la obra de este poeta, no es hasta este momento cuando, bajo la guía de Maritain, lo descubre con lo que Camargo ha denominado un «sentimiento de amistad», que le ayuda a captar en profundidad las preocupaciones del poeta[46].

Mounier aborda el estudio de Péguy en plena crisis interior, causada por la muerte de su gran amigo. Durante las vacaciones de la Navidad de

---

[44]   BÉGUIN, A., «Une vie», p. 957.

[45]   DANIELOU, J., «La *mort* d'Emmanuel Mounier», p. 250: «Joven agregado de Filosofía, alumno de Jacques Chevalier en su Grenoble natal, Mounier viene a París en 1928. Yo le encontré en este momento. Yo le hice leer a Péguy, que conocía mal. Esta fue para él la influencia decisiva y su primer libro, *La Pensée* de Peguy salió de allí».

[46]   CAMARGO MUÑOZ, A., *El sentido de la historia. Aproximación a la concepción personalista de la historia*, Universidad Santo Tomás, Tunja, 2013, p. 79.

1929, estando entregado al trabajo de su tesis, descubre de nuevo la obra de este autor, cuyo pensamiento va a iluminar definitivamente sus preocupaciones y encauzar su vocación[47]. En el entusiasmo de quien ha dado con el gran hallazgo que buscaba escribe a su hermana:

> Quisiera comunicarte este entusiasmo que he sentido volviendo a leer algunas cosas de Péguy, concretamente su misterio sobre la esperanza. R. me dijo un día que para él fue una revelación. Lo que frecuentemente se desmorona es una determinada concepción que nosotros hemos construido sobre nuestro destino y que nos empeñamos en que sea a toda costa "lo que debiera ser". Pero después se ve esto mejor[48].

Este contacto intenso con los escritos de Péguy significará para Mounier el descubrimiento de un camino que se abre a la esperanza, una valoración nueva de la realidad temporal, un sentido original de la presencia y del testimonio personal en el mundo, además de una nueva concepción de la revolución a partir de la pureza de los medios con los cuales debiera realizarse. Con la lectura de los escritos del poeta orleanés también toma conciencia del valor de lo social y de la belleza de un magisterio vivo al margen de las enseñanzas universitarias. Por ello, esta lectura de Péguy acaba convirtiéndose en un estudio profundo de su obra. Además, en este momento del proceso evolutivo de la vida espiritual de Mounier, se opera un cambio orientado hacia una profundización sobre el sentido de la concepción de un cristianismo íntegramente vivido desde una aguda sensibilidad hacia el desarrollo de los acontecimientos externos en los que ha de verse implicada su concepción religiosa de la existencia y el cumplimiento de su misión de intelectual en el mundo.

Gracias al estudio de Péguy, comenta Béguin:

> Mounier va a estar atento a la llamada de los acontecimientos, y esto no solo significa una nueva orientación de su fe o de sus concepciones éticas. Esto significa que sin dejar de encontrar constantemente su inspiración y

---

[47]   A este respecto es muy significativo ver cómo va aumentando su simpatía por el círculo de estudios peguystas y cómo va abandonando su trabajo de tesis: «Los amigos de Péguy son para mí gentes simpáticas. No tengo ninguna razón para no considerarles como tales... Mi tesis avanza con la rapidez que puede poner quien no se resigna a amasar su juventud en la erudición». Carta a Jéronime Martinaggi (27 de febrero de 1931), en *Mounier y su generación, op. cit.*, p. 535.

[48]   Carta a su hermana (14 de mayo de 1929), Béguin, A., «Une vie», p. 964.

la raíz de sus actos en el centro de sí mismo y en sus certezas espirituales, se abrirá además a otra fuente de vida: a la que arranca de la vida misma que reclama al hombre y le alimenta. Se ha dado un segundo polo a su existencia que se desarrollará totalmente en la tensión así instaurada. Estemos seguros de que esta explosión, aparentemente tan brusca, se estaba incubando desde hacía ya mucho tiempo, no sobre el plano de los desarrollos conscientes, sino en las profundidades del alma, que es donde realmente se realiza la verdadera historia de la persona. Péguy habrá sido el heroico catalizador sin el cual no se hubiera producido este despertar con duraderas consecuencias[49].

Por consiguiente, el influjo de la lectura de Péguy va a tener para la reorientación espiritual de Mounier un doble carácter. Por una parte, eminentemente humano, que supondrá la incorporación de móviles nuevos que enriquecerán su vida interior, al mismo tiempo que exigirán la proyección de esta en las estructuras sociales y en los acontecimientos que la misma vida social origina. Por otra parte, intelectual, en cuanto que supone haber descubierto un guía para la orientación de su filosofía hacia el estudio de la reforma de las estructuras sociales, haciendo que lo que hasta entonces no había pasado de ser pura ambición, comience ya a tener unas repercusiones inmediatas.

Sin esta influencia decisiva e inmediata de Péguy no puede entenderse la creación de la revista *Esprit*, que es el medio escogido por Mounier para llevar a cabo su revolución espiritual de carácter doctrinal. Una revolución que se va madurando en los círculos de estudios peguystas y en el descubrimiento personal de la grandeza de la figura del poeta. En su ensayo titulado «La visión de los hombres y del mundo» realiza una interpretación de la actitud espiritual de Péguy que intenta hacer suya, al mismo tiempo que orienta toda su preocupación filosófica en la misma dirección que había seguido el pensamiento del autor ahora admirado.

Además, hay otro móvil que puede explicar la dedicación de Mounier al estudio de la obra de Péguy. Este trabajo estaría también fundamentado en el deseo de construir un ensayo personal, con la consiguiente experiencia al desarrollar la propia capacidad.

---

[49] BÉGUIN, A., «Une vie», p. 964.

De esta manera, Mounier se inicia en un trabajo personal en el que se va a empeñar con todo su vigor espiritual. Con el conocimiento del significado y alcance de la obra de Péguy se despertará en sí el espíritu comunitario, esto es, la exigencia de formar grupos, de convertirse en animador de cenáculos en los que la discusión arrastre directamente hacia el «engagement». En el fondo, la línea espiritual que el conocimiento del pensamiento de Péguy ha removido a Mounier supone vivir anticipadamente el espíritu que va a hacer surgir el movimiento *Esprit*, convirtiéndose después en su impulso animador.

7. LA COLABORACIÓN DE MOUNIER CON EL MOVIMIENTO DE MLLE. SILVE

En esta época hay otra persona que influye notablemente en la vida de Mounier: Mlle. Marie Silve (1900-1976). Con ella llega a entablar contacto a través de Jean Guitton. Si la relación con el P. Pouget le había proporcionado una formación teológica, gracias al trato que mantiene con Mademoiselle Silve, Mounier adquiere una concepción ascética. Esta maestra católica había fundado el movimiento *Les Davidées*, con el fin de dotar a todos los institutos laicos de una espiritualidad, ya que en la Francia de aquella época no se impartía religión en las aulas a causa de las leyes de 1905. De 1920 a 1931, Mounier toma parte activa en los encuentros anuales de este grupo, colaborando con algunas conferencias que imparte y escribiendo para su boletín *Aux Davidées*. J. Doménach opina que en aquellas primeras crónicas se asoman «algunos de los temas principales de *Esprit*»[50]. Sin embargo, estos escritos no revestirán la fuerza que hallamos en los textos redactados en su revista.

El ambiente de estas reuniones le resultaba muy atractivo. En ellas todo estaba a la medida de sus ilusiones y aspiraciones: la incomparable personalidad espiritual de Mlle. Silve, la finalidad de los encuentros como tentativa de acción en un medio no creyente y la sencillez de los alumnos. Con estos convive y los considera ideales para el ejercicio de su magisterio, dado que la disposición virginal que tienen a la hora de asimilar ideas

---

[50]   DOMÉNACH, J. M., *Mounier según Mounier*, Laia, Barcelona, 1974, p. 39.

despertaba una inquietud que suponía la posibilidad de ampliar horizontes ilimitados, a diferencia de lo ocurrido en la enseñanza universitaria.

En medio de este clima envuelto en virtudes, el filósofo de Grenoble poco a poco se ha ido definiendo y manifestando más genuinamente. Así es el recuerdo que Mlle. Silve conserva sobre él y que nos permite conocerle mejor:

> A Mounier lo caracterizaron dos grandes virtudes. En primer lugar, un gran amor por la verdad; sobre este tema habló con un ardor inolvidable. Luego, una inmensa generosidad ya orientada hacia la gente, hacia quienes sufren por las condiciones sociales en las que trabajan. Creía que la transformación de las almas no era suficiente, que también había que transformar las leyes[51].

En el contacto que Mounier mantiene con Mlle. Silve, el filósofo francés asimila unos puntos de vista y unos criterios sobre problemas que se sometían a un cambio de impresiones entre ambos. Además, fue también la ocasión para poder palpar una serie de virtudes que consideraba formar parte de la actitud vital, que aspiraba conseguir para enfrentarse con la vida. De esta forma, no solo se estaba enriqueciendo su vida personal, sino que estaba logrando «un modo de comportarse» frente a las personas y los acontecimientos. «Con Mlle. Silve, escribe Mounier, he vuelto a conseguir la serenidad, y el que la inquietud llegue a ser una fórmula literaria y un orgullo, lo mismo que el que vivir con fecundidad es escapar a la usura y vivir en la simplicidad del don divino»[52].

Por otra parte, Mounier se siente gratamente impresionado en el contacto que mantiene con esos alumnos sencillos con quienes convive, a los que considera los más aptos para aceptar la frescura de su pensamiento. Ante ellos Mounier se dispone, con conciencia de magisterio, a sembrar sus ideas e inquietudes. Con emoción y alegría, anota en su *Diario* el recuerdo de estas jornadas intelectuales que para él significan ver convertido en realidad el simple entusiasmo juvenil de quien aspiraba a «hacer de la

---

[51]   Notas de *Mlle. Silve* recogidas en BÉGUIN, A., «Une vie», pp. 961-962.
[52]   Carta a su hermana, 5 de octubre de 1929, en *Mounier y su generación, op. cit.*, p. 508.

filosofía un apostolado». El valor que hay que conceder al lema no es, ni más ni menos, que el que tiene cada uno de los términos que lo integran.

> Jornadas de pureza y de luminosidad que continúan sobre el plan de las más bellas horas de mi vida, aquellas de julio (en San Paus)... Todas estas pequeñas almas simples que tienen la inteligencia de la inocencia, la inteligencia del sufrimiento, la inteligencia de la bondad, la inteligencia de la inquietud. Ningún falso misticismo, ningún orgullo corporal, ningún misterio. Esta es la inolvidable impresión de esta primera jornada[53].

Esta actitud de sencillez y de disposición para asimilar sus ideas no podía menos de atraer a un hombre con vocación intelectual, pero a quien la enseñanza universitaria y de escuela le suponía una limitación del horizonte en el desarrollo de los auténticos valores que el magisterio debe transmitir.

Otro de los factores que le suscitaba interés entre los componentes de aquel grupo reunido en torno a Mlle. Silve era tener a su disposición la posibilidad de colaborar en algo a lo que se sentía predispuesto y que consistiría en infundir una presencia cristiana en un medio increyente. En último término, esta era también la finalidad del grupo de institutrices fundado por Mlle. Silve.

> Cuando me entrego a una persona como Mlle. Silve, o al espíritu de una obra como la suya, comprendes perfectamente que no es por el espíritu de la «buena obra» Ni es tampoco por ese afán constante del niño que ha hecho su primera comunión, y después ha pasado una juventud intensamente interior. Es el apego apasionado de quien reconoce y se admira de aquel (por Dios, no quisiera que esto pareciese pedante) que está de vuelta. De la esperanza y de la desesperación. De Dios y del Diablo (del exterior al menos). Haber conocido tantas y tantas hipocresías de los católicos y de los demás mucho más numerosas no sabes (puede que lo sepas) con qué vista, con qué corazón se descubre después la simplicidad auténtica, que a partir de ese momento ya no puede confundirse, porque tanto se ha hastiado uno de la mediocridad[54].

Mounier descubre en la obra de Mlle. Silve una «mística», un espíritu que, además de procurar asimilarlo, le ayuda a manifestar de forma más

---

[53]   Sobre la espiritualidad de esta agrupación, Mounier publicó con el pseudónimo de Francois Chauviéres: «Une amitié spirituele: Les Davidées», *Vie Spirituelle* (abril 1931), pp. 1-31.

[54]   Carta a su hermana (5 de octubre de 1929), BÉGUIN, A., «Une vie», p. 961.

genuina sus propias virtudes. Mlle. Silve las percibe y, a este respecto, deja recogidas una serie de anotaciones que resultan importantes, puesto que nos revelan rasgos fundamentales de la personalidad de Mounier. En primer lugar un gran amor a la verdad; sobre este tema se expresaba con un ardor inolvidable. Después, una inmensa generosidad orientada ya hacia el pueblo, hacia los que sufren por las condiciones sociales en las que trabajan. En este aspecto, el filósofo grenoblés pensaba que para la transformación de las almas era necesario también cambiar las leyes.

En medio de esta experiencia, Emmanuel se plantea un dilema: transformar su vida en la del hombre público o en la del hombre privado. La solución soñada pasaba por crear un clima semejante al vivido por Mlle. Silve, en el que fuese posible lograr una conjunción de ambas perspectivas[55]. Sin embargo, la marca más importante que la obra de esta maestra dejó en el espíritu de Mounier ha sido el notable influjo ejercido en cuanto le convenció de la necesidad de un diálogo entre creyentes y aquellos que viven al margen de la fe.

Esta mística que Mounier ha vivido en el grupo *Aux Davidées* es la misma que quiere infundir a cuantos colaborarán en *Esprit*:

> He visto que una obra de gran densidad espiritual, la de los Davidées, desarrollaba su vigor sin todo este ruido, mediante un aliento que se propaga de convicción en convicción. Fíjate bien, yo no digo en absoluto que no nos sea necesario, sobre todo para actuar, tener una estructura y una estructura sólida. Quiero que tengamos un ánimo distinto y que mantengamos hasta en el vocabulario y en nuestra manera de ser la diferencia con los partidos[56].

---

[55]   Al observar que la respuesta a su planteamiento espera pública/esfera privada pasa por la armonía entre ambas, afirma: «Tú no sabrás creer la alegría que yo encuentro en esta vía media. Cuantas veces me he visto dolorosamente escindido entre estas dos perspectivas: permanecer como un hombre de gabinete en el cual la obra no llega más allá del papel en el que queda impresa, o bien actuar, pero encontrándose sujeto por los marcos o partidos donde es necesario mentir y sacrificar un recogimiento precioso a la agitación y a la elocuencia. He aquí un filón en el que se puede ofrecer la acción sin magullamiento…». Carta a su hermana (17 de julio de 1929), en BÉGUIN, A., «Une vie», p. 961. Este problema ahora personalmente vivido repercutirá también en su concepción filosófica de la acción.

[56]   MOUNIER, E., Conversaciones V, a André Déléage (4 de abril de 1932), en *Mounier y su generación, op. cit.*, p. 559.

No ha de olvidarse tampoco que es en torno a Mlle. Silve donde Mounier debuta como escritor. En la minúscula revista que llevaba por título *Aux Davidées,* dirigida a las institutrices cristianas de la enseñanza pública, Emmanuel comienza a escribir artículos con el mismo estilo de los que aparecerían más tarde en su propia revista *Esprit.*

8. CONCLUSIÓN

Los pasos de la vida de Mounier que hemos seguido hasta aquí, corresponden al periodo de su vida que sirve de preparación y gestación de la que va a ser su gran tarea personal, la que pasará a la historia como el testimonio de su propia vida personal. Todo este proceso de enriquecimiento y evolución espiritual nos ha llevado a una meta final, que es al mismo tiempo punto de partida para iniciar el recorrido de un nuevo camino.

Sobre estos acontecimientos ha ido madurándose la orientación nueva y definitiva de su vida, que implica el paso de la filosofía académica a la militante, de la mediata a la intervención tempestiva que produce el testimonio de la acción.

El valor de este nuevo tipo de filosofía creada por Mounier es lo que realmente iremos intentando descubrir de forma progresiva a lo largo de nuestra tesis.

PARTE II

LA VIDA DE MOUNIER DESDE LA PUBLICACIÓN DE *ESPRIT* HASTA SU MUERTE (1932-1950)

I
LA FUNDACIÓN DE *ESPRIT*

Con la publicación de la revista *Esprit*[1] Mounier comienza lo que podríamos denominar su «vida pública». Desde este momento su vida se confunde con su obra, a la que se consagra con todas las fuerzas.

Emmanuel siempre fue un hombre consciente del problema personal que suponía orientar su vida, hecho donde siempre procuró ser fiel a su vocación. La creación de la revista, según Béguin,

> marca la más fuerte cesura aparente que no se puede discernir, aquella que hacía prever el trabajo sobre Péguy, pero que nada más la anunciaba. A partir de los datos que nos proporcionan los documentos de la adolescencia y la primera juventud, uno podría imaginar varias líneas de destino y varias orientaciones conscientes, pero si no supiéramos qué iba a ser de Mounier, no esperaríamos que lo hiciera. Ver fundar una revista, convertirse en un líder de equipo, tomar una posición de vanguardia en las luchas a lo largo del tiempo. Parecía, en el curso de sus estudios, madurar una vocación, si no de profesor, al menos de filósofo cristiano[2].

---

[1] Nótese que, cuando *Esprit* aparece en cursiva, se hace referencia a la publicación; en cambio, cuando se escribe en redonda, alude al grupo que lleva el mismo nombre.

[2] Béguin, A., «Une vie», p. 972.

1. **EXIGENCIAS PERSONALES QUE ENCARNA LA PUBLICACIÓN DE *ESPRIT***

La revista *Esprit*, cuyos orígenes iremos analizando más en concreto, nace como respuesta a unas exigencias interiores de su vida espiritual, y como fruto cristalizado de ideas que anteriormente ha vivido y le han cautivado. Con sus páginas, Mounier ve llegar el momento de poder dar cumplimiento a su vocación de hombre intelectual, tal como la había concebido anteriormente y tal como aparece manifestado en sus cartas y en su diario.

En todos los pasos de la vida de Mounier siempre ha aparecido como una constante la primacía de la vida interior y de los valores del espíritu[3]. La creación de la revista *Esprit* suponía para él poder plasmar de una forma real y concreta las exigencias de estas y, sobre todo, la solución clara de un dilema que tenía planteado desde tiempo atrás. Con la revista él podría ejercer una labor de magisterio intelectual al margen de la enseñanza universitaria, testimoniando el valor de una presencia cristiana en medio de un ambiente de no-creyentes y encarnando esos valores espirituales en unas estructuras temporales que estaban necesitando una auténtica redención. La gran tarea que Mounier quiere emprender a través de este instrumento, la revista *Esprit*, habría de consistir esencialmente en un descubrimiento del prójimo, con objeto de divinizarle al personalizarlo. Este esfuerzo habría de llevarse a cabo a través de un equilibrio entre el pensamiento y la acción. Por eso *Esprit* se convertiría en un laboratorio en el que se trabajaría para buscar la forma de aplicar unas ideas a la vida real, al mismo tiempo que un instrumento pedagógico para la sociedad.

Por otra parte, para llegar a entender originariamente el mismo nacimiento de la revista, es necesario también tener en cuenta el momento

---

[3]   Más adelante, cuando en su vida va descubriendo y precisando lo que esta primacía de valores espirituales significa para su propia existencia y para la obra que va a emprender, afirmará: «La filosofía no ha descubierto en nuestra época la supremacía de lo espiritual: quiero decir una supremacía encarnada que llega a sus últimas consecuencias. Unas pretensiones tan peligrosas caen lejos de sus preocupaciones. Precisamente porque la filosofía olvida demasiado la supremacía de lo espiritual, queremos nosotros reanimar el milagro», en MOUNIER, E., Carta a Francisque Gay (2 de junio de 1932), en *Mounier y su generación, op. cit.*, p. 544.

histórico que estaba gravitando de manera decisiva sobre su espíritu creador y que condicionaría la orientación de esta gran obra de Mounier.

Este periodo histórico está marcado por una serie de acontecimientos que provocan tensiones en el mundo. A partir de la rápida desilusión que había seguido al armisticio de 1918, Poincaré, en 1926, había restablecido el franco, estabilizando por diez años la república burguesa y el «orden capitalista». En los medios oficiales se vivía la satisfacción de este hecho con un clima de confianza y seguridad semejante al vivido en el siglo XIX, pero la juventud sabía que el mundo estaba debilitado, el sistema capitalista condenado y que el porvenir se presentaba incierto.

En estas circunstancias, en octubre de 1929, hace su aparición en Wall Street un «crack» sorprendente que da origen a una crisis económica de una excepcional gravedad. La economía francesa, relativamente resguardada por su misma mediocridad, solo la experimentará de una forma bastante benigna. Rusia constituye un mundo aparte, aislada en un principio por el cinturón saludable de los vencedores de 1918 y, más tarde, por su experiencia de construcción socialista, el único país en revolución. En el resto de Europa la crisis alimenta el progreso del fascismo, dueño de Italia ya a partir de 1924 y en rápido crecimiento dentro de Alemania (el Partido Nacional Socialista es desde 1930 el segundo partido alemán). En el resto del mundo el sistema colonial comienza a desfondarse, pero solamente los hombres previsores saben interpretar estos síntomas. En Japón se anexiona la Manchuria y acecha sobre el resto de China. La Sociedad de las Naciones, suprema esperanza de los negociadores del Tratado de Versalles, se revela impotente. Un antagonismo prácticamente irreductible está enfrentando siempre a Francia con Alemania.

Sin embargo, las luchas estériles siguen oponiendo dentro de Francia a la derecha y a la izquierda, y los partidos, el sindicalismo, y los medios cristianos están atravesando crisis interiores que hacen oscurecer todavía más los ecos de los escándalos financieros y la inconsciencia de los gobiernos ante la crisis social que está amenazando.

En esta situación político-social del mundo, y de manera especial en Francia, Mounier funda su revista *Esprit* y crea el movimiento que ha de trabajar en torno a ella.

Independientemente del significado doctrinal, lo que nos importa hacer resaltar en este afán de seguir de cerca la trayectoria de la vida del filósofo grenoblés, son los móviles que le impulsaron a la creación de la revista y el significado que ella tiene dentro de la evolución de su vida personal. Con ello nos ceñimos cronológicamente a los años de 1930-1932, periodo en el que madura el proyecto y aparece la publicación. Mounier dedica esos dos años a la reflexión personal, al coloquio y al diálogo con los amigos. La idea de fundar dicha publicación nace a raíz del estudio que Mounier elabora sobre la obra de Péguy. Así, en la primera fase de *Esprit* manifiesta a Georges Izard que la revista debe estar imbuida del espíritu que comunicó Péguy en su *Les Cahiers de la quinzaine*:

> Creo que se impone el trabajar por realizar una revista en la línea que hemos decidido. Quiero decir que se impone que quien vea su necesidad dé impulso, cualesquiera que sean los tiempos, los medios y los hombres, para la realización. Hay que agarrar esta renovación humana y, de manera más particular, católica a la que apuntaba Péguy. Todo el mundo habla de ella y nadie se atreve. Es una cuestión que me inquieta desde hace años, me persigue desde hace un año y me obsesiona desde que nos encontramos tan perfectamente de acuerdo...[4].

En esta, como en todas las empresas que empeñan la vida de Mounier, tiene que operarse una profunda lucha interior hasta lograr esclarecer el sentido de su propia vocación y entregarse a ella. Sobre todo, cuando el ser fiel a ella suponía, como en este caso, renunciar definitivamente al medio ambiente que estaba viviendo y las satisfacciones que este podía proporcionarle.

Emmanuel vive estos años entregado a una labor modesta, pero fecunda, como es la de enseñar en un Liceo. Sin embargo, esta tarea comenzaba a dejarle insatisfecho. No respondía ya ni a las exigencias espirituales que en ese momento tenía, ni al reclamo que comenzaban a ejercer sobre él las realidades temporales, tal como las concebía al contacto con el espíritu y la obra de Péguy. Por otra parte, al verse dedicado a una tarea de profesorado, Mounier no veía la posibilidad de liberarse de unas estructuras académicas hacia las que sentía aversión desde su espíritu creador, como ya hemos visto. Así escribe a su amigo Izard:

---

[4]   MOUNIER, E., Carta a Georges Izard (26 de diciembre de 1930), en *Mounier y su generación*, op. cit, p. 550.

No sabes qué disgustado me siento por el momento de la enseñanza tal como me la condiciona el Estado francés. Me aferro a París, a esta última libertad de gestos y de pensamientos; no puedo resolverme a lo último. Y además, con la conciencia de que nos espera en algún lugar del camino una catástrofe social o internacional, ¿cómo aceptar las carreras de jubilación? Sólo veo mi salvación, es decir, mi vocación, en los juegos arriesgados. Quizás podríamos intentar jugar juntos. No somos nada y esto me excita. Tenemos la pobreza total de donde nacen las obras…[5].

En este momento, junto a la insatisfacción que le produce ver limitado su porvenir por los estrechos moldes de la enseñanza académica, va creciendo en él la toma de conciencia de la situación social que le ha tocado vivir a los jóvenes de su generación. Esta reflexión de las realidades temporales le provoca una reacción, que constituye una nueva fidelidad a su vocación, ya que supone un esfuerzo por lograr formular una ideología que sirva de fermento renovador. En esta observación del mundo circundante Mounier llega a tres conclusiones: 1) ante la falta de espacios intelectuales en los que reflexionar, adaptados a las circunstancias del momento, se hace necesario crear un ámbito que reúna estas posibilidades; 2) es necesario romper la solidaridad que el cristianismo tiene con el «desorden establecido»; 3) existe una crisis total de civilización, a tenor de los problemas económicos imperantes[6].

A partir de esta perspectiva, Emmanuel resolverá su tarea de escritor. A su vez, estos tres sentimientos pueden interpretarse en cierto sentido como intuiciones que van a orientar el futuro de su experiencia interior y a ocupar

---

[5] MOUNIER, E., Carta a Georges Izard (26 de diciembre de 1930), en *Mounier y su generación*, op. cit, p. 540.

[6] Cfr. MOUNIER, E., Carta a Jéromine Martinaggi (1 de abril de 1941), en *Mounier y su generación*, op. cit, pp. 539-540 y en BÉGUIN, A., «Une vie», p. 975. Nótese que ambas trascripciones de la carta no observan idéntico orden. Lo mismo ocurre en cuanto a la determinación de esta «época». En el primero de los textos se fija la Navidad de 1929, fecha que coincide con el redescubrimiento de la obra de Péguy, y en el segundo se señala el periodo comprendido entre 1928 y 1930. De todas formas, lo que interesa es poner de relieve cómo se va fraguando la idea de la creación de una revista, haciendo ver cómo al mismo tiempo, al lado de unas exigencias de tipo vocacional, existen otras de circunstancias históricas. Y para la toma de conciencia de su significado es decisiva la lectura de Péguy.

un lugar capital en la elaboración ideológica de su concepto de «revolución espiritual». Este constituye uno de los puntos claves de su filosofía personalista, en tanto que intenta proyectarse e inspirar un nuevo tipo de configuración de las realidades sociales en el marco de una filosofía de la historia. Dichos sentimientos son también una nueva confirmación del punto clave de nuestra interpretación del pensamiento de Mounier, cuya idea central consiste en ver cómo su elaboración de los conceptos filosóficos ha dependido de la experiencia de unas vivencias que él anteriormente ha sentido[7].

Tal y como recoge el filósofo de Grenoble en sus notas desde el verano de 1930, a raíz de las conversaciones que mantiene en Meudon con Georges Izard y André Déléage[8] surge la idea de crear una revista, cuyo proyecto va tomando forma en dos entornos muy concretos. En primer lugar, en la *Maison de la Jeunesse*, junto a su director Danielou, en cuyo ambiente

---

[7] Es la realización de ese «hacer de la filosofía un apostolado» con que le presentó su padre a Chevalier. En esta expresión tenemos que concretar el significado de los términos. «Una filosofía» equivale para Mounier a un pensamiento *engagée, degagée*. Vivir en el momento presente, en la solidaridad humana, injertando el juego de nuestra libertad en la construcción de un mundo nuevo y mejor. «Una acción»: esto es un servicio, una verdadera mayéutica que tiende a despertar en los hombres el sentido de una acción de huída y hasta desmitificada. «En vista del apostolado», no se trata de una apologética. Mounier parte de la roca sólida de la fe católica para obrar en cristiano sobre la historia.

[8] Georges Izard nació el 17 de junio de 1903 en Abeilhan (Hérault), y murió el 20 de septiembre de 1973 en París. Fue jefe de gabinete de Charles Daniélou, quien ocupó primero el cargo de Secretario de Estado para la marina mercante, y posteriormente Subsecretario de Estado para el presidente del Consejo y Asuntos Exteriores (bajo el ministerio de Aristide Briand). Contrajo matrimonio con la hija del ministro Daniélou y hermana de Jean Daniélou, después cardenal. Fue uno de los autores del ensayo sobre Péguy (1931), publicado junto con el propio hijo del poeta y Mounier. También colaboró estrechamente durante los dos primeros años de la revista *Esprit*.

André Déléage nació el 9 de diciembre de 1903 en Mâcon, y murió trágicamente en el frente, durante la ofensiva alemana cerca de Luxemburgo, el 24 de diciembre de 1944. Su vocación de historiador le convirtió en uno de los eruditos de esta disciplina más renombrados en Francia. Realizó su tesis doctoral bajo la dirección de Marc Bloch, la cual versó sobre la sociedad en Borgoña en la Alta Edad Media (1941). Fue uno de los espíritus más activos del primer equipo *Esprit*, contribuyendo en los dos primeros años de la revista con varios artículos de crítica literaria.

descubrió a Péguy[9]. En segundo lugar, en la casa de Maritain, donde conoce a intelectuales como Marcel Arland, crítico literario de la *Nouvelle Revue française*, al dramaturgo Henri Ghéon, al orientalista Louis Massignon, al escritor Jean Cocteau, los teólogos Charles Journet y R. Garrigou-Lagrange, y los filósofos Nicolás Berdiaeff y Gabriel Marcel. En estos encuentros culturales habrá dos notas que impregnen el fondo de las reflexiones: la necesidad de tender puentes entre religión y cultura, y el ecumenismo.

En los círculos de Meudon, Mounier experimenta una evolución que le hace pasar de cuestionarse en sus trabajos por temas literarios o filosóficos a interesarse por problemas políticos o sociales. En este ambiente nace el proyecto *Esprit*. Mounier, Izard y más tarde Déléage, estaban convencidos de que la obra realizada sobre Péguy tenía algo que aportar al futuro. Por este motivo deciden formar un equipo, un hogar activo y abierto que, siguiendo las intuiciones peguystas para disociar el orden cristiano de los poderes monetarios y del «desorden establecido», realizara un despiadado examen de conciencia, propuesto también para cada cristiano de aquel 1930.

El sentido comunitario tiene que motivar toda la tarea e informar al grupo que ha de realizarla: «Le doy la razón cuando dice "ni capilla ni casta". Como en toda concentración será necesario que cada uno trabaje sin amor propio y con el sentido de la tarea común para evitar los golpes»[10]. En este sentido, a Mounier le resultará sumamente provechosa la experiencia de los grupos en los que ya había trabajado con conciencia de equipo. Una segunda característica de *Esprit* será el interés manifestado por el estudio de las realidades terrestres. Ello responde exactamente a ese afán transformador que había despertado en él la figura y la obra de Péguy[11].

---

[9] Nótese que Jean Danielou debía de haber sustituido a Tavernier en la redacción de los capítulos filosóficos de la obra escrita sobre Péguy en colaboración. Sin embargo, al entrar al noviciado de los jesuitas, encomendó la tarea a su cuñado Georges Izard.

[10] MOUNIER, E., Carta a Jacques Chevalier (7 de mayo de 1931), en *Mounier y su generación*, op. cit, p. 551.

[11] En carta a Nicolas Berdiaeff (27 de junio de 1931) a propósito de los términos de sinceridad en los que debe redactar su artículo «Verdad y mentira del comunismo», aparecido en *Esprit* 1 (octubre 1932), pp. 104-128. En *Mounier y su generación, op. cit.*, p. 551.

La revista quería testimoniar el espíritu de un cristianismo auténticamente vivido, transformador de las realidades sociopolíticas. Para ello
resultaba necesario adoptar una postura nueva frente al mundo de los
no-cristianos. En esta problemática Mounier abogaba por dar la palabra
a los no creyentes y «ser católico en pie de igualdad con los no católicos,
preparando una nueva civilización revolucionaria en que los cristianos se
desolidarizasen del régimen capitalista, sin embarcar a la Iglesia eterna en
ninguna obra política transitoria»[12]. Por su parte, aunque Maritain coincide en estos mismos deseos, considera que *Esprit* no ha de ser el vehículo
para lograrlos y estima que la revista ha de revestir un carácter puramente
confesional y no revolucionario[13].

En estos años de maduración del proyecto de publicar la revista, tal
vez uno de los problemas más agudos que se le presentan a Mounier es el
de resolver de forma satisfactoria el conflicto surgido en lucha interior por
conciliar el impulso que siente internamente hacia el cultivo y desarrollo
de la vida de reflexión y su entrega a una tarea activa. Él es consciente
del riesgo que corre la primera, al emprender una aventura tan difícil de
dominar como es la creación de una revista del estilo de *Esprit*. A este
propósito Mounier escribía a su hermana este párrafo tan significativo:

> Es difícil saber a donde uno es llamado, si uno no se deja arrastrar por
> sus gustos, por sus cosas secundarias. Luego es cuando se ve lo que se ha
> perdido: esto supondrá excluir de mi vida, por una parte, el silencio, el re-
> cogimiento, el feliz anonimato de las intimidades, el alma de las tardes en
> la campiña. Pero puede ocurrir que se goce más cuando se disfruta de ella
> raramente. Yo quisiera desde ahora no ser ya ni carne ni pescado; extraño
> cuando me encuentro en medio de los adolescentes y más extraño aún
> cuando me veo en medio de los hombres comprometidos en la aventura…[14].

---

[12] Díaz, C., *Emmanuel Mounier (Un testimonio luminoso),* Palabra, Madrid 2000, p. 51.
[13] Cfr. Lorol, G., *Mounier. I. Genèse de la personne*, Editions Universitaires, Paris
1990, pp. 159-177.
[14] Carta a Madeleine Mounier (27 de marzo de 1931), en Béguin, A., «Une vie», p.
974. Mounier va a resolver su problema personal de intentar conjugar la acción y la meditación con el modelo de los hombres místicos. La vida exterior será el fruto de la superabundan-
cia interior. Solo esta riqueza interior resuelve el divorcio moderno del pensamiento inútil y
de la acción eficaz. Cuál es la urgencia de esta vida interior, qué autenticidad y plenitud exige,

Nos encontramos ante el mismo problema que se le había planteado ya al comienzo de su experiencia de magisterio intelectual y apostólico con el grupo de los *Davidées*. Sin embargo, entonces no revestía ese carácter de urgencia y de riesgo con el que ahora se presenta. En este momento es preciso adoptar una decisión definitiva. Mounier había repetido en más de una ocasión que «estaba hecho para meditar»[15]. Ahora, entregándose de lleno a esta aventura de la creación de *Esprit*, a lo que realmente quiere aspirar es a que su vida se identifique con su obra, de tal manera que exista entre ellas una total interdependencia. El dar al público su pensamiento personal le servirá para revisar su propia vida espiritual, a fin de poder manifestarla en toda su pureza. De acuerdo con lo dicho, Mounier confiesa:

> es cierto que el secreto de nuestra sinceridad de cara a los no-católicos, igual que el secreto de nuestra fidelidad al catolicismo, está en definitiva en el corazón de cada uno de nosotros; es cierto que tenemos el primer e íntimo deber de consolidar, purificar y sobrenaturalizar nuestra vida espiritual tanto más cuanto que nos introducimos en tierras extrañas. Estamos en la cuerda floja del cristianismo, entre el cielo y la tierra, y el equilibrio solo se mantiene en altitud[16].

Por eso mismo también asume la responsabilidad de infundir su propio espíritu a la revista, convirtiéndola en el ideal de su vida[17]. La preocupación religiosa y la motivación cristiana, que animaba su afán renovador, se convierte en idea central a la hora de configurar el proyecto de la fundación de *Esprit*. Su aspiración radica en conseguir una finalidad elevada, que se traduce en que la acción debe estar animada por la vida interior.

---

hay que medirla por el heroísmo de la aventura a la que el hombre de pensamiento viene abocado si con todo su pensamiento se siente realmente «situado»: «hoy y donde Dios le coloca».

[15] A este respecto, véase la Carta a Georges Izard (20 de agosto de 1933), en *Mounier y su generación, op. cit.*, pp. 607-608, y también la Carta a Madeleine Mounier (27 de febrero de 1931), en *Mounier y su generación, op. cit.*, p. 541.

[16] Carta a Georges Izard (16 de febrero de 1932), en *Mounier y su generación, op. cit.*, p. 553.

[17] Cfr. Carta a Madeleine Mounier (5 de octubre de 1929), en *Mounier y su generación, op. cit.*, p. 508.

Nuestro tesón [en fundar la revista] es sólo la seguridad imperturbable de la fe. No seríamos cristianos si creyéramos que somos indispensables realizando en el secreto de nuestro corazón la desaprobación que constituye el alma de cualquier obra radicalmente espiritual, que es para mí el dato central de la acción, como la vida interior, y que me produce una cierta repugnancia a emplear el posesivo para todas las cosas que nos superan cada día desde arriba. No conocemos los designios de Dios: quizás no quiere la salvación temporal de los hombres; quizás no somos los instrumentos que desea: estamos dispuestos a aceptar su abandono, que, en medio de la prueba, será también un don si el abandono está motivado por nuestra insuficiencia. Pero mientras sintamos en nosotros una misión, confirmada en cada uno de nosotros por signos internos, no podríamos renunciar. Y, sobre todo, no podríamos por negligencia dejar que los poderes malignos tengan tiempo de arruinar nuestra tarea mediante malentendidos[18].

No es extraño que, con esta riqueza de espíritu, con la concepción que tiene sobre el sentido de la acción y, ante todo con el contenido que da a su vocación, Mounier pretenda infundir un auténtico espíritu cristiano a las estructuras temporales a través de su obra —que es el nombre más adecuado para la empresa que trae entre manos—. Así lo deja reflejado:

Esprit no será solamente una revista: fundar una revista es una evasión muy cómoda. Quiero que sea también un circuito de amistades activas, inclinadas según su vocación hacia una colaboración intelectual o hacia la acción sobre la opinión. Intento crear en tantas ciudades como pueda un grupito de trabajo que recibirá el resumen de las reuniones del comité central, intercambiará con él sus sugerencias, discutirá, tomará iniciativas, propondrá, dará conferencias, hablará, hará propaganda, contradirá[19].

En la última etapa de preparación para la fundación de Esprit surgen graves problemas que hacen necesario tomar una decisión, avocando así a emprender una hazaña cargada de riesgos. «Sin dudar, manifiesta Izard, me declaró que estaba dispuesto a abandonar su carrera universitaria y a intentar la aventura». La tarea ya estaba iniciada y se habían dado significativos

---

[18] A Marcel Primard, carta transcrita en Conversaciones V (20 de febrero de 1932), en *Mounier y su generación, op. cit.*, pp. 543-544.
[19] MOUNIER, E., Carta a Jéromine Martinaggi (8 de abril de 1932), en *Mounier y su generación, op. cit.*, p. 559.

pasos: una preparación ideológica, la formación de un grupo de estudios y de propagandistas en Francia y en el extranjero, la búsqueda del dinero. Este último aspecto genera una auténtica angustia en el ánimo de Mounier durante los primeros años de la publicación[20]. Dificultades que afronta heroícamente porque la realización de su obra vocacional se lo exige. Ahora, más que nunca, en él se hacen presentes el heroísmo y el sentido de la pobreza como auténtica justificación y expresión del testimonio de su vida. Más tarde lo confesará así abiertamente:

> He elegido la pobreza. Sin heroísmo, me gusta. No llego a encontrar el menor grado de virtud en ello. Pero, ¡diablos!, es una responsabilidad que se toma para sí solo, con los colorarios. Y el transeúnte hace bien arrojándoos una mirada o una moneda (y un poco de piedad, pues no sabe qué alegres son los grandes caminos a pesar del anochecer.)[21].

Ya antes había descubierto el sentido profundo de una decisión que implicaba tan serias consecuencias. Y en este sentido había escrito: «algunos días sabemos ser felices de una manera inconsciente y pueril: pero no somos los que esperan la felicidad de los acontecimientos, como una

---

[20]   Según unos estudios económicos que habían realizado a la hora de poner en marcha este proyecto, era necesario recaudar al menos 300.000 francos. Sin embargo, el capital inicial con el que parten fue de 1.000 francos, divididos en partes de 100 ff. Esta cifra se incrementó rápidamente a los 72.000 ff recaudados. Una cifra que daba cierta confianza al equipo, pero que resultaba insuficiente a largo plazo. Por ello, inician una búsqueda, que a diferencia de la práctica habitual centrada en encontrar donantes siempre frágiles y quizás pusilánimes— pretenden captar accionistas que recibirán un dividendo. Para lograr tal fin asumen la forma jurídica de sociedad cooperativa de capital variable. Junto a ello, la circunstancia que más influyó en que *Esprit* pudiera ver la luz en sus diversos números fue el encontrar un impresor que aceptara correr los riesgos de la aventura. Fue Louis Dulong quien descubrió a Gilbert de Véricourt en Lille, quien gracias a su «imprudente generosidad» posibilitó la impresión de la revista. A la luz de estas circunstancias difíciles que hemos señalado podemos citar a Béguin, quien señala que «las cuestiones materiales, obviamente, juegan un papel importante en las preocupaciones de Mounier y sus amigos. A partir de entonces, y hasta el final de su vida, liderará una lucha heroica para asegurar la vida de la revista, pero aquí como en otros lugares la fuerza de la esperanza que había en él le hizo triunfar tanto sobre su propia timidez como sobre todos los obstáculos». Véase BÉGUIN, A., «Une vie», p. 975.

[21]   MOUNIER, E., Carta a Paulette Leclercq (25 de febrero de 1933), en *Mounier y su generación, op. cit.*, p. 545.

receta; esto no es un sacrificio muy grande, pues sabemos muy bien que la felicidad no basta para ser felices»[22].

Cuando más adelante haga un examen retrospectivo de lo que esta decisión ha supuesto de renuncia y de sacrificio, aceptará el camino con una actitud puramente evangélica, movida entre el gozo y la resignación:

> ¡Ah!, hay que apostar por la pobreza. A dos pasos me espera una hermosa carrera universitaria, no tengo más que volver a abrir la puerta. Hoy sé que no volveré a entrar ya en su sucia máquina. Me mantendré en la obra comenzada con Esprit incluso hasta la miseria. Renunciar, no ya a los riesgos, lo que sería un poco pagano, sino a esta aventura orientada que debe ser hoy una vida cristiana es algo imposible: no es un camino muy llano mi camino[23].

A partir de octubre de 1931 comienzan a funcionar regularmente los primeros grupos de estudios, encargados de poner a punto la doctrina sobre las cuestiones más diversas. De sus deliberaciones surgen dos decisiones de manera casi inmediata. Por una parte, se acuerda constituir un movimiento del que la revista *Esprit* será su órgano de expresión intelectual; por otra, se considera crear un partido político cuando el número de adhesiones lo permitan[24].

Desde el primer momento surge la discusión en cuanto a la coordinación del movimiento y de la revista. Más tarde vendrá la escisión y la ruptura.

2. LA FUNDACIÓN DE LA REVISTA *ESPRIT*

Llegó el momento solemne. Del 16 al 23 de agosto de 1933, los delegados de los grupos celebraron un congreso en Font-Rotneu, en una casa puesta a su disposición por la Sra. Daniélou. En este lugar se bautizó a la revista con el nombre de *Esprit* y al movimiento con el de *Troisieme Force*.

---

[22] MOUNIER, E., Carta a Madeleine Mounier (17 de abril de 1931), en *Mounier y su generación, op. cit.*, p. 542.

[23] MOUNIER, E., Carta a Paulette Leclercq (28 de febrero de 1933), en *Mounier y su generación, op. cit.*, p. 545.

[24] En notas de Georges Izard recogidas por BÉGUIN, A., «Une vie», p. 978.

En dicho congreso se fijaron también las posturas doctrinales que había que formular, las ideas que debían inspirarlas y los objetivos a conseguir.

Aprovechando este encuentro, se compuso el primer número de la revista *Esprit*. Su publicación tendría mucho que agradecer al patrocinio de dos escritores de gran prestigio, ya consagrados en aquellos años en el mundo de la cultura: Gabriel Marcel y Jacques Maritain.

El primer número se editará, gracias a la amistad y las gestiones de Louis Dulong, en la editorial Gilbert de Véricourt, en Lille. Sin su amistad y su imprudente generosidad, la revista hubiera sido víctima de alguna crisis mortal entre los años 1932 a 1939. En un principio el editor quiso fusionarla con la *Revue des Jeunnes*, que dirigía Robert Garric. Mounier, que no participaba de esta idea, logró evitarlo, gracias a la activa simpatía del director literario de las ediciones Pierre Van der Meer de Walcheren, ahijado de León Bloy.

El 9 de octubre de 1932 sale a la luz el primer número. Al encontrarlo en sus manos, Mounier siente una especie de emoción religiosa. En las páginas que escribe en su *Diario* el 9 de dicho mes, quedan reflejadas la sentida alegría y la sincera humildad en un clima de repetida oración. Toda la reseña es una auténtica confesión de sus sentimientos. Él mismo afirma que se trata de un día que encierra una intensidad semejante al día en que contrajo matrimonio. Se trata de un momento que trasciende el pasado y cubre de ilusión y ofrecimiento el futuro de su vida.

Emmanuel Mounier leyendo la revista *Esprit*

A partir de este momento, Mounier inicia la construcción de su edificio ideológico, al que acompaña una buena sementera de inquietudes junto a una crítica orientadora de los acontecimientos. *Esprit* se irá convirtiendo en el mejor observatorio de un mundo en evolución, en el que se iban dibujando, al lado de las soluciones, la misma figura del mundo futuro. En *Esprit* no podrá encontrarse ni la inquietud romántica, ni la angustia de los contemporáneos. Únicamente se encuentra presente una fe intrépida al lado de un trabajo titánico por señalar un camino recto y sólido para el futuro de la humanidad[25]. Al fin y al cabo, este es el sentido de su difícil y apostólica misión en el sentido más amplio de la palabra que él asume con entusiasmo.

---

[25] Véase la carta del 13 de mayo de 1934, en BÉGUIN, A., «Une vie», p. 991.

Con esta tarea Mounier considera que emprende su compromiso de intelectual cristiano al servicio de la realización temporal del hombre. Es este el momento en el que ingresa en las filas de la filosofía combativa. Mounier ha fundado *Esprit* porque creía que, dentro de un máximo respeto a las líneas de la historia, era posible para los hombres decididos el actuar e influir en los demás, sin ahogar fuerzas antagónicas que mantienen una tensión fecunda. En el fondo, partía de la convicción de que en la vida social el mal arranca de la simplificación de las actitudes y de los problemas, de no superar la tentación de resolver las auténticas dificultades, negando lo que realmente las engendra, y no aceptando abiertamente aquello que implica complicación. Emmanuel, en tanto que animador doctrinal de un movimiento que ha de ejercer un influjo en la vida social, quiere figurar en la historia de las ideas con una forma nueva de pensamiento que va a consistir esencialmente en una fidelidad a su programa de compromiso con la realidad circundante. Desde este momento, su vida va a consistir en situarse en el corazón de los grandes acontecimientos en los que ha de verse empeñado y desde los que ha de intentar aportar una respuesta convincente a los interrogantes que vayan surgiendo en el desarrollo de la vida de la sociedad francesa e internacional. De esta forma *Esprit* se irá convirtiendo también en el instrumento de expresión de tales intervenciones, y por tanto en la principal herramienta de su afán educativo.

II
EL SENTIDO DE SU VIDA PRIVADA Y FAMILIAR

Analizar este nuevo aspecto de la vida de Mounier no solo reviste un interés biográfico, sino que tiene el valor de permitirnos descubrir el influjo que los acontecimientos de su vida tendrán en la concepción filosófica que tiene de la existencia humana, desde una perspectiva personalista y comunitaria. Estudiar la figura de un pensador como Mounier hace necesario valorar importantes aspectos de su vida íntima, que desvelan con claridad nociones de su pensamiento, porque ellos han sido realización estricta y depurada de lo que después se ha convertido en doctrina. Al mismo tiempo, puede servir de punto de referencia para interpretar la validez de una concepción, realizable en un plano de intensidad, que, por otra parte, en un horizonte de extensión puede significar una simple utopía. La gran aspiración ideológica de Mounier consistía en despertar en el hombre un afán de comprensión y de superación de la crisis espiritual en la que se encontraba como consecuencia del desarrollo histórico de los acontecimientos. En este sentido, resulta sumamente esclarecedor el comprobar cómo el filósofo de Grenoble analiza los síntomas de una crisis espiritual que la sociedad está padeciendo, al mismo tiempo que vive el ideal que ha logrado convertir en realidad de esa auténtica revolución espiritual, que supone una verdadera renovación propugnada doctrinalmente. En esta perspectiva ha de situarse el conocimiento de lo que en la vida de Mounier significa la creación de su propia vida familiar, que en su caso es realización pura de la concepción que tiene de la sociedad familiar como realidad humana, en su doble dimensión personalista y comunitaria. Para Mounier, la formación de una familia es crear el mundo de la persona desde su categoría suprema de la comunión, de la donación al otro, descubriéndose a sí mismo desde el tú que hace brotar el profundo diálogo y el mutuo apoyo. Todo ello se realiza desde la base existencial y substancial del amor, como raíz de esa profunda comunión espiritual que define al ser personal.

En febrero de 1933, Mounier encuentra en Bruxelas a Paulette Leclercq, la que será su esposa. Ella compartirá con nuestro filósofo su vida íntima, y será quien permanezca a su lado en cada instante de la aventura de *Esprit*. A partir de este momento hay que seguir la vida de Mounier a través de su correspondencia con Paulètte Leclercq. En ella puede verse cómo Emmanuel va descubriendo el valor espiritual del amor a través de la entrega total. En una de estas cartas escribe: «el amor espiritual no conoce ni hombre, ni mujer, ni medida, sino el de las personas unidas en la caridad de Dios»[1].

Para Mounier, esta nueva vivencia del amor, desde su preocupación por descubrir la vida cristiana en su sentido más puro, supone una renovación de su ideal de realización personal dentro de la comunión. Dos años antes, a raíz de la muerte del amigo, había escrito a su hermana: «nuestro camino será una marcha hacia la soledad»[2]. En ese momento era cuando comenzaba a madurar la idea de crear un movimiento renovador a raíz del estudio de la obra de Péguy. Desde su juventud sentía un llamamiento hacia el heroísmo, pero este tenía entonces un profundo sentido de soledad. Ahora entiende que el heroísmo es también realizable bajo el signo del sentido de una realización personal más radical: desde un darse al otro y descansar en el otro: «El amor humano enseña muchas cosas sobre los caminos del amor a Dios»[3].

Esta vivencia personal del amor como abertura hacia el otro y donación total de sí mismo es, al mismo tiempo, una liberación en sí de todo

---

[1]   Carta a Peulette Leclercq (2 de marzo de 1933), en *Mounier y su generación, op. cit.*, p. 590.
[2]   Carta a Madeleine Mounier (junio de 1931), en *Mounier y su generación, op. cit.*, p. 542.
[3]   Carta a Paulette Leclercq (13 de marzo de 1933), en *Mounier y su generación, op. cit.*, p. 592.

aquello que no es uno mismo, porque solo permanecerá fuera del tiempo el ser mismo de uno mismo. Desde este mundo interior más radical y profundo puede verse la realidad en una nueva transparencia[4]. Este descubrimiento ha llegado a Mounier gracias a una comunidad vivida desde el amor a otra persona. Así, recordando el día en que conoció a su futura esposa, usa términos que contienen un profundo significado ideológico dentro de su doctrina filosófica:

> Creo que el momento en que sentí más violentamente la conmoción del suceso fueron ocho días a principios de febrero. Y enseguida te convertiste en mi vida, eres mi vida, y esto es más profundo que tu llegada a mi vida, el evento que se comenta. ¿Ves, en estos estados profundos, cada minuto es un evento; entonces todo es montaña[5]...

Esta vivencia íntima del amor y de la comunión le dará una nueva visión del mundo, de las personas y de los acontecimientos. Descubiertos y vividos los valores de la vida personal y comunitaria, su vida queda abierta a un optimismo esperanzado y esperanzador.

En julio de 1935 Mounier se casa con Paulette Leclerqc. Así comienza una etapa muy importante de su vida, en la que ya no va a existir discontinuidad entre el hombre privado y el público. Hasta el momento de la fundación de *Esprit* había experimentado un sentimiento de soledad, a la par de proteger una zona de secreto personal. Pero lo que había madurado en el abrigo de este retiro interior no podía desarrollarse más que por el descubrimiento del otro. Su matrimonio fue abertura, pues implicó que el mundo de los otros se abría a él. Ya no habría soledad para él. A partir de ahora, los riesgos que habría que asumir serían afrontados conjuntamente por «los Mounier».

A medida que va creciendo el descubrimiento de los sentimientos de la vida familiar de Mounier, aumenta la comprensión y la inteligencia de su obra, porque esta biografía en familia es la experiencia básica de

---

[4]   MOUNIER, E., Carta a Paulette Leclercq (25 de marzo de 1933), en *Mounier y su generación*, *op. cit.*, p. 592 Véase también la carta que le escribe a su esposa (28 de junio de 1933), en *Mounier y su generación*, *op. cit.*, p., 604.

[5]   MOUNIER, E., Carta a Paulette Leclercq (2 de abril de 1933), en BÉGUIN, A., «Une vie», pp. 990-991.

su formulación de la vida comunitaria de la persona. Por otra parte, hay que tener en cuenta que los quehaceres privados no turban, sino que más bien dan un ritmo adecuado a la actividad de Emmanuel, quien halla en el clima familiar una comprensión plena del sentido de la propia misión y una tonalidad efectiva a la apertura hacia la relación comunitaria. El mismo ideal de heroísmo que Mounier había vivido antes, seguirá siendo la tónica dominante del matrimonio Mounier, ajeno totalmente a cualquier contaminación de espíritu burgués.

Hasta el mes de junio de 1939 los Mounier viven en Bruxelas, donde él da clases en el Liceo francés, y donde Paulette conserva su puesto en un museo. Del matrimonio nacerán tres hijos: Françoise, que nace el 9 de marzo de 1938; Anne, que nace el 15 de agosto de 1941; y Martine, que nace el 28 de junio de 1942.

A través de esta vida familiar, íntima e intensamente vivida, se transparenta toda la grandeza espiritual del alma de Mounier, que reside fundamentalmente en el descubrimiento del sufrimiento, aceptado desde su visión cristiana. Esta experiencia del dolor intenso y continuo le lleva al convencimiento de que la postura heroica ha de ser común y obligada para el hombre que de verdad quiera vivir en cristiano. Esta es precisamente una de las razones por las cuales su concepción ideológica, que depende tan directamente de sus experiencias personales, pierde precisamente valor objetivo y universal, convirtiéndose ocasionalmente en doctrina revestida de un cierto carácter utópico. Sin embargo, sigue teniendo el valor del ideal a imitar y la fuerza estimulante del testimonio viviente.

Cualquier rápido trazo biográfico no puede evitar detenerse en delinear el calvario de este maravilloso *sofferente* que con tanto derecho se coloca —juntamente con Paul Claudel y Léon Bloy— entre los mayores exponentes del siglo xx del género consolatorio y confidencial, propio del estilo epistolar. La atenuación del sufrimiento es una de las características más atractivas de la vida y obra de Mounier porque solo un hombre que haya sufrido tan profunda y cristianamente como él, llega a mitigar el dolor ajeno con acentos tan tiernamente humanos y comprensivos. Pero resultaría imposible comprender el sentido profundo del significado que el dolor tuvo en su vida, si no lo enmarcamos dentro de la vida familiar, basada en la comunión íntima de amor. Solo desde este marco, podrán descubrirse las dos dimensiones en las que Mounier ha fundamentado el valor humano del sufrimiento: la cristiana y la comunitaria. El sufrimiento, así entendido, puede elevar y transfigurar una vida de comunión, lo mismo que una visión cristiana de la vida puede sublimar y transfigurar al sufrimiento. Para llegar a descubrir esta interpretación, las mejores páginas de los escritos de Mounier son sus cartas y su *Diario*, escritas a partir de 1940, cuando ya ha formulado los puntos claves de su filosofía y el esquema básico del mensaje de su pensamiento cristiano.

En esta época de su vida, no solamente tiene que aceptar, con una actitud interior de pobreza admitida, la incomodidad y la necesidad material que arrastran consigo todas esas vicisitudes por las que atraviesa su familia, sino que también surge otro sufrimiento moral —el más doloroso— que toca a la vida íntima de la persona. Su primera hija, Françoise, cae enferma en noviembre de 1938 con siete meses de vida, a consecuencia de una vacuna antivariólica. En un principio, las perturbaciones ligeras fueron degenerando lentamente en encefalitis. Los Mounier se pasan dos inviernos viviendo en la inquietud. Pero, al llegar la primavera de 1940, será necesario rendirse ante la evidencia: la pequeña hija, incurable, está destinada a vivir en una «misteriosa noche del espíritu». Hasta el final de su vida esta presencia silenciosa estará, por lo demás, en el centro de los pensamientos de Emmanuel, quien desde el principio habrá sabido encontrar el más profundo de los sentidos.

La enfermedad de su hija fue para Mounier el punto culminante de su vocación, el centro en el que vinieron a converger su amor de esposo y de padre, la acción emprendida en *Esprit* para servir a las víctimas de un mundo dominado por el dinero, el descubrimiento y adhesión a la voluntad paternal de Dios.

Las cartas escritas entre 1939-1940 por el filósofo grenoblés nos ayudan a entender el sentido que el sufrimiento tiene para la condición humana como medio eficaz y trasparente para alcanzar la plenitud del hombre. Aceptar el dolor que acompaña a la vida es tomar conciencia de uno de los valores que integran la totalidad humana. La dificultad en la aceptación es la que da origen a ese carácter de tensión y de lucha que el hombre tiene que entablar consigo mismo. Para superarlas, Mounier incorpora motivaciones cristianas como fuerza capaz de dar el impulso necesario a la propia vida interior, a fin de poder recorrer ese camino de aceptación, totalmente necesario para llegar a convertir el sufrimiento en una meta de plenitud humana[6].

La misma aceptación, consciente del dolor como realidad vinculada a la misma condición humana, es ya una verdadera transfiguración del sufrimiento, pasando por lo mismo desde una visión puramente humana a la aceptación generosa que surge del descubrimiento de su dimensión cristiana. En cada acontecimiento doloroso de la vida de Mounier encontraremos siempre unidas estas dos perspectivas. Y por eso hay un acento religioso en cada acontecimiento doloroso vivido por Mounier.

> Yo no he conocido tan intensamente el estado de oración como cuando mi mano decía las cosas a esta frente que no respondía nada, cuando estos ojos se arriesgaban hacia esta mirada distraída, que lleva lejos, lejos detrás de mí, yo no sé qué acto parecido a la mirada, que mira mejor que una mirada. Misterio y que no puede ser más que de bondad, es necesario atreverse a decir: una gracia, una gracia demasiado grande. Una hostia viviente en medio de nosotros, muda como la hostia, resplandeciente como ella[7].

Este misterio de bondad en sí, tiene para los Mounier una aplicación, una interpretación que recoge las dos dimensiones que Emmanuel siempre ha dado a su propia vida: una dimensión humana, que expresa ese sentido de comunión con los demás hombres, y otra dimensión cristiana, que eleva esa comunión humana, transformándola en amor real hacia ellos, que es al mismo tiempo interés por comprender a sus personas y afán de solucionar sus problemas. En el fondo del pensamiento de Mounier late de forma indirecta la concepción teológica paulina de Cristo como cabeza del cuerpo místico (1Cor 12,12 ss.), según la cual, la Iglesia, cuerpo dotado de múltiples miembros y unidad de vida, no es un compuesto social cualquiera

---

[6]   Así lo confiesa en la carta a Paulette Mounier (23 de mayo de 1942) en *Mounier y su generación*, *op. cit.*, p. 844. Véase también la carta que le dirige a su esposa (16 de abril de 1940), en *Mounier y su generación*, *op. cit.*, p., 755, donde encuentra reflejada la cruz del Gólgota en la enfermedad de su hija y afirma: «Nada se parece más a Cristo que la inocencia sufriente».

[7]   Mounier, E., Conversaciones (28 de agosto de 1940), en Béguin, A., «Une vie», pp. 1013-1014.

sino el mismo Cuerpo de Cristo. Esto le conduce a plantearse la misma presencia sacramental de Dios en los hombres, de forma particular en aquellos que son atravesados por la espada del dolor. Así, teniendo delante el cuerpo frágil y silencioso de su hija se pregunta:

> ¿Quién sabe si no se nos ha pedido que guardemos y adoremos una hostia entre nosotros, sin olvidar la presencia divina bajo una pobre materia ciega? Mi pequeña Françoise, tú eres para mí la imagen de la fe. Aquí abajo la conoceréis en enigma y como en un espejo… Ahora que la amenaza de abril se ha alejado, ahora que parece que debemos continuar juntos, Françoise, hija mía, sentimos que una historia interviene en nuestro diálogo: resistirnos a las formas fáciles de la paz firmada con el destino, seguir siendo tu padre y tu madre, no abandonarte a nuestra resignación, no acostumbrarnos a tu ausencia, a tu milagro; darte tu pan cotidiano de amor y de presencia, proseguir la plegaria que tú eres, reavivar nuestra herida, puesto que esta herida es la puerta de la presencia, permanecer contigo[8].

Este sentido de donación y de generosidad manifiesta el pensamiento de Mounier. La entrega a los demás no solo es el ideal que inspira su vida, sino también la categoría fundamental en su concepción filosófica del ser personal. Hacer del sufrimiento una entrega generosa a los demás, y a través de ella una entrega generosa a Dios, es su idea cristiana más esencial, pues entiende que la donación de sí mismo, de una manera amorosa y desinteresada, es el mayor valor positivo y real de la vida personal.

> Acabo de llegar a mi habitación. Al subir en la penumbra, pensaba en nuestras pruebas. Qué poco y qué mal realizamos esta situación cristiana: Viator, caminante. El que avanza solo con vistas a un fin y solo vive por el fin desprecia todas las pequeñas molestias del viaje porque al final encontrará su fin, los suyos, su obra. Yo intentaba volver a encontrar en las vivencias adolescentes, completamente orientadas hacia lo imprevisible, el universo en que Françoise es la niña que poseemos con toda nuestra alma en el paraíso (y qué importa si su sueño total se prolonga un poco más o un poco menos), el universo en que debemos vivir nosotros, que persigue la eternidad y es presencia de Cristo, en el que todas nuestras decepciones del tiempo volverán inmediatamente a su sitio y todos los sufrimientos se

---

[8]   MOUNIER, E., Conversaciones X (28 de agosto de 1940), en *Mounier y su generación*, *op. cit.*, pp. 763-764.

transformarían inmediatamente en ofrendas de alegría. Hacemos el ensayo a pequeños pasos. Solo nos queda ser cristianos a cuerpo descubierto, si no queremos zozobrar con todo[9].

Esta visión cristiana de las cosas y de los acontecimientos propicia que el sufrimiento y la alegría aparezcan siempre unidos en el pensamiento mouneriano. El sentido optimista más profundo de su filosofía tiene como base la fuerza del consuelo y la alegría que, acompañando al creyente, es capaz de transformar su dolor. De ahí esa noción de optimismo trágico que define su interpretación del humanismo cristiano y que quiere ser una síntesis integradora de estos dos factores[10].

Para aceptar el dolor y el sacrificio con esta vitalidad es necesaria una renovación constante del espíritu de fe, cuyo sentido más profundo es para Mounier el de ayudar a acrecentar el sentimiento de comunión y fraternidad humanas. El factor religioso tiene en su concepción ideológica un peso fundamental. Por ello, en la correspondencia que existe entre su actitud personal ante los acontecimientos y la formulación doctrinal de las nociones fundamentales de su pensamiento, hay que señalar la existencia de un espiritualismo cristiano como categoría suprema de su ser, de su pensar y de su actuar.

La misteriosa vida del espíritu, que Emmanuel descubre en la angustiosa enfermedad de su hija, supone una aportación sumamente valiosa para interpretar el sentido más radical de las categorías de comunión espiritual y de presencia: «Cuando, a pesar de todo, sin énfasis, adoramos el misterio de bondad que hay en esta hermosa mirada perdida que no busca ya objetos ni personas, nuestra fraternidad con vosotros es la más viva que pueda dar»[11]. Ante esta dura realidad que sufre la familia Mounier, nuestro filósofo llega a la conclusión de que, cuando existe una auténtica

---

[9]   Mounier, E., Carta a Paulette Mounier (17 de octubre de 1939), en *Mounier y su generación, op. cit.*, p. 732.

[10]   Cfr. Mounier, E., Carta a Paulette Mounier (11 de abril de 1940), en *Mounier y su generación, op. cit.*, p. 753.

[11]   Mounier, E., Carta a Paul Louis Landsberg (12 de noviembre de 1940), en *Mounier y su generación, op. cit.*, p. 772.

vida del espíritu, la separación material no impide poder vivir en profunda comunión espiritual. Así afirmará el grenoblés:

> No tengo a mi disposición el lenguaje logístico y los saltos bipolares para explicarte esto. Pero te lo explicaré a través de Françoise. Tampoco ella responde. Sin embargo, nosotros estamos siempre tan próximos, a pesar de una impresión material de incomprensible separación, menos verdadera que una misteriosa comunión[12].

Françoise se convierte en un símbolo de la vida espiritual que se vive y, sin embargo, no pudiendo ser expresada conceptualmente, sigue animando todo el ser y el obrar[13].

El misterio de bondad que revela la vida silenciosa del espíritu de su hija enferma suscita la donación personal, expresada a través de dos categorías fundamentales: una de presencia espiritual y otra de amor como perfección, realizada en la verdadera comunión espiritual. De esta forma, la vida familiar de los Mounier se va convirtiendo en un «sublime diálogo» que fomenta en ellos el crecimiento de la vida personal y comunitaria.

> Ahora que la amenaza de abril ha quedado descartada, escribe, ahora que parece que nosotros debemos permanecer juntos, Françoise, mi pequeña hija, nosotros sentimos que interviene en nuestro diálogo una nueva historia: la de resistir a las formas fáciles de la paz marcada por el destino, seguir siendo tu padre, tu madre, no abandonarte en nuestra resignación, no realizarnos en tu ausencia, en tu milagro; darte tu pan cotidiano de amor y de presencia, continuar la oración que eres tú, reavivar nuestra herida, puesto que esta herida es la puerta de tu presencia, permanecer contigo.
>
> Quizás nos es necesario desear esta paternidad incipiente, este diálogo inexpresable, mucho más bello que los juegos habituales[14].

En esta época, junto al sufrimiento experimentado ante la enfermedad, encontramos la vivencia de una situación de pobreza y dificultades motivadas por circunstancia externas, aunque vividas también personal y

---

[12]   MOUNIER, E., Carta a Jacques Lefrancq (9 de diciembre de 1941), en BÉGUIN, A., «Une vie», p. 1015.

[13]   MOUNIER, E., Carta a Jacques Lefrancq (9 de diciembre de 1941), en BÉGUIN, A., «Une vie», p. 1015.

[14]   MOUNIER, E., Carnets (28 de agosto de 1940), en BÉGUIN, A., «Une vie», p. 1014.

familiarmente. En 1939 comienza la guerra mundial y, con ella, los años más difíciles para la familia Mounier. Estos se prolongan hasta 1944, momento en que tiene lugar la liberación de Francia. Las vicisitudes atravesadas en este periodo no solamente nos descubren las pruebas que van enriqueciendo su vida de hombre público y privado con nuevas experiencias que alimentarán su frescura ideológica, sino también el temple de su espíritu y el valor de una vida convertida en un continuo testimonio. En este sentido, tal como hace notar Béguin, la vida militar le ofreció a Mounier la ocasión de un tipo de vivencias a las que él no debía sustraerse: experiencia de sí mismo y del «otro», difíciles en principio, pero comprendidas después de haber vivido la nueva experiencia de un contacto renovado con la naturaleza[15].

Mounier nunca vistió el uniforme militar. En septiembre de 1939, en calidad de ordenanza de segunda clase del Depósito 143, en contra de su voluntad, fue destinado a cumplir las funciones de secretario en una oficina administrativa. Sus acantonamientos por razón especial de la guerra se sitúan no lejos de Grenoble: Bresson, Haute-Jarrie, Champagnier, Montbonnot. Replegado hacia el Oeste en mayo de 1940, pertenecía a una de esas «Compañías de instrucción» que, capturadas por los alemanes, fueron libertadas el día del armisticio, después de tres semanas de cautiverio.

En julio, tras haber sido licenciado en Orange, Emmanuel vuelve a encontrarse en Grenoble con su mujer, quien le esperaba desde hacía ya cuatro meses en casa de sus suegros, con la hija enferma. Desde allí se irá a Lyon, en busca de los medios necesarios para vivir y reanudar la publicación de *Esprit*, que se había interrumpido en junio. Allí desarrollará también otras actividades menos «públicas».

La familia Mounier se instala en el número 5 de la calle Pizay. Sus comienzos en esta ciudad fueron muy difíciles. Tenían solo una habitación que era a la vez dormitorio, comedor, oficina de *Esprit* y sala de reunión. Aquel espacio multiusos se veía invadido constantemente por el alboroto de un altavoz instalado en el cine próximo. La revista no podía conceder ningún sueldo a su director, que tuvo que vivir, durante este terrible

---

[15]   BÉGUIN, A., «Une vie», p. 1007.

invierno lionés de 1940-1941, con el insignificante ingreso obtenido por algunos artículos publicados y por clases de filosofía que impartía en los Lazaristas de Lyon y en la Escuela Robin de Vienne.

A partir de mediados de agosto encontramos a Mounier en Motverdun, al lado del P. Montuclard, quien se encuentra trabajando en un amplio proyecto de «reforma de la cristiandad». La intención primera de este religioso estaba en sintonía con el pensamiento de Mounier: «Restaurar el cristianismo como realidad comunitaria»[16].

Trascendiendo el pequeño círculo de amigos de Esprit refugiados en Lyon, a partir de noviembre de 1940, toma la iniciativa de poner en práctica una serie de reuniones de información y discusión. Desde allí se entablan los primeros contactos con los movimientos clandestinos: con Combat, por medio de Henry Frenay, y con Temoignage chrétien, por medio de los Padres de Fourviere.

En este momento, el país se encuentra completamente dividido: «la Francia "libre", la Francia "ocupada", la Francia de los prisioneros, la Francia gaullista y quizás hay que hacer además una categoría de la Francia del Imperio»[17]. En cada uno de estos sectores la situación es diferente, pero el compromiso debe ser idéntico: guerra sin cuartel al espíritu totalitario, búsqueda de cualquier tipo de acción, incoada o fracasada, que vaya en el sentido de la derrota del nazisno. En este mismo escrito, Mounier señala el objetivo concreto que debe perseguir el grupo de opinión de la revista *Esprit*:

> El Estado francés, en este momento y durante la duración de la guerra, está aniquilado. La nación continúa y dura (en el sentido bergsoniano del término), vive, cambia, se corrompe o se salva. Podemos poner entre paréntesis el problema del régimen, no podemos poner entre paréntesis la vida de la nación[10].

---

[16]   Véase a este respecto la impresión que le produce el proyecto del P. Montuclerd en MOUNIER, E., Entrevistas (20 de agosto de 1940), en *Mounier y su generación, op. cit.*, p. 761.

[17]   MOUNIER, E., Conversaciones XI (30 de marzo de 1941), en *Mounier y su generación, op. cit.*, p. 798.

[18]   MOUNIER, E., Carnets (30 marzo de 1941), en BÉGUIN, A., «Une vie», p., 1022.

Frente a esta situación nacional, la actitud de Mounier está muy definida: «En todo caso, nuestra fidelidad de cristianos y de franceses exige una presencia perpetuamente vigilante al momento histórico»[19].

Durante este periodo, la actitud vital de Emmanuel se puede estructurar en torno a tres puntos fundamentales que articulan su obrar hasta el momento de su arresto: actividades en algunos organismos de Juventud, contacto permanente con los movimientos de la Resistencia, reanudación de la publicación de *Esprit* y luchas heroico-cómicas con la censura.

En estos años de dificultades extremas y heróicas, el filósofo de Grenoble toma parte, de una manera especialmente activa, en la marcha de los acontecimientos, y orienta su reflexión personal desde una estrecha dependencia con ellos. Al mismo tiempo que despertaba algunas almas jóvenes, observa Béguin, proseguía su meditación personal que el momento histórico contemporáneo hacia más necesaria que nunca[20].

Su vocación de hombre público y de cristiano le exigirá un compromiso con los problemas de la ciudad temporal, pero que serán analizados y abordados desde una perspectiva de hombre creyente. En este momento histórico de crisis y cataclismo, la mayor preocupación de Mounier se centra en el desarrollo futuro de la cristiandad, a la luz de una visión cristiana de la historia:

> Para mí, cuanto más me voy desde las fuentes a la realidad presente del cristianismo moderno, más me persuado de que no volveremos a encontrar, todos, la verdadera fe, a no ser después del derrumbamiento total de la cristiandad moderna, que muchos confundirán con el fin del cristianismo. Pero esta apostasía general, no son las generaciones las que la sufrirán, los que tendrán que llevar su peso en el Juicio, somos todos nosotros, las falsos testimonios, desde hace más de cuatro siglos…[21].

Mounier se convence de que su ideología personalista ha de injertarse en la dimensión histórica de la realidad, pero entendida desde una visión trascendente de la historia. De esta forma se ve inclinado a incorporar a sus consideraciones unas perspectivas escatológicas y apocalípticas.

---

[19]   Mounier, E., Conversaciones (8 de mayo de 1941), en Béguin, A., «Une vie», p. 1023.
[20]   Cfr. Béguin, A., «Une vie», p. 1020.
[21]   Mounier, E., Carnets (enero 1941), en Béguin, A., «Une vie», pp. 1019-1020.

El problema de las relaciones entre lo temporal y lo espiritual que de manera implícita siempre ha estado presente en su trayectoria de pensador, ahora reviste un carácter de urgencia y aspira a convertirla en norma a imitar. En ella han de estar presentes dos aspectos bien definidos: la responsabilidad de creyentes inmersos en medio del mundo, y las propias exigencias personales emanadas de la fe religiosa. En el primer sentido, y sin prescindir de la dimensión comunitaria que ha de ser inseparable de cualquier actividad pública, reformula así su pensamiento:

> La Iglesia no tiene hoy, en un mundo espiritualmente dividido y organizado cada vez más temporalmente sin ella, que cargarse con obras específicas que separen al católico de la ciudad. Debe centrarse esencialmente en el acto litúrgico. La vida litúrgica es un acto comunitario que debe practicarse como tal... Por lo demás, por todo lo temporal, desaparezcan estos centenares de obras confesionales que asfixian a la Iglesia con agitación y mediocridad. Que el cristiano trabaje temporalmente como cristiano, pero con los demás, en la ciudad común. Para darle un gusto se necesitaría toda una espiritualidad del laico, sentido cívico (la forma temporal más grande, la más formativa, de la caridad), sentido profesional, etc[22].

En cuanto a su actitud personal como cristiano, en un momento cargado de contrariedades como el que le ha tocado vivir, queda definida por la plena conciencia de su vocación heroica. Esta consiste en evidenciar sus propias creencias, manifestadas a través del testimonio de la rectitud de su conducta. Así formula con toda lucidez su deber de cristiano en medio de un mundo increyente: «No se trata solo de no ir a la iglesia con un corazón fariseo, pero desde que cada uno sepa que soy cristiano todo el mundo juzgará el cristianismo por todos mis actos. Y yo llevaré, indisolublemente con ellos, el peso de todos sus prejuicios y de su indiferencia persistente»[23].

Por otra parte, la actitud cívica ante los problemas de la ciudad temporal también ha quedado claramente formulada. Desde este punto de vista escribe Béguin:

---

[22]   Mounier, E., Carnets (20 de agosto de 1940), en Béguin, A., «Une vie», p. 1019.
[23]   Mounier, E., Carta a Paulette Mounier (8 de septiembre de 1939), en *Mounier y su generación*, *op. cit.*, p. 724.

La opción de Mounier puede parecer, si no menos neta, sí menos inmediatamente segura, cuando, del plano de la Iglesia, se pasa al plano de la ciudad humana. Ni por un instante, bien entendido, estuvo tentado de ceder ante el prestigio del totalitarismo vencedor que él había denunciado y combatido tan firmemente. Mucho menos se le vio engañado por el lenguaje capcioso de las gentes de Vichy. Pero él no era de aquellos que podían apoyar su espíritu de resistencia sobre la no aceptación del régimen precedente o sobre la esperanza de restaurar tales o cuales instituciones suyas. Hacía ya mucho tiempo por lo demás que él estigmatizaba su decadencia y que él estaba deseando su derrumbamiento. Todo su pasado y su vocación propias debían llevarle a colocar en otra parte que en estas nostalgias, las razones de la lucha y las raíces de la esperanza[24].

Más adelante, con una fórmula breve y exacta, define claramente su conducta en este sentido: «Se trata, pues, de una actitud netamente oposicional, pero cuya acción se intentará ejercer desde dentro»[25]. Esta oposición responde a la convicción que tiene de que en la política, las acciones han de juzgarse desde sus exigencias internas y no desde sus actuaciones externas. Por eso afirma rotundamente: «No he aceptado jamás ninguna colaboración política y no la aceptaré»[26]. En esta línea, al intentar calificar a Mounier de «hombre de izquierdas» dentro de un contexto político, hay que tener en cuenta, más que sus actuaciones concretas ante determinados acontecimientos políticos, sus formulaciones ideológicas que no pueden reducirse tampoco al ámbito del puro pensamiento político.

---

[24]   BÉGUIN, A., «Une vie», p. 1020.
[25]   BÉGUIN, A., «Une vie», p. 1021.
[26]   MOUNIER, E., Carta a Zérapha (23 de marzo de 1941), en BÉGUIN, A., «Une vie», p., 1026.

III
EL TIEMPO DE LA PRISIÓN

La vocación heroica de Mounier se pone de manifiesto de enero a octubre de 1942, meses en los que vive en prisión. Con motivo de las pesquisas realizadas contra el movimiento «Combat», del que se le consideraba su principal promotor espiritual, fue arrestado en su domicilio el 15 de enero. Todo este tiempo de cárcel significó para él la gran ocasión de realizar un supremo esfuerzo de autenticidad, de sacrificio y de vida cristiana heroica, además del planteamiento de un grave problema ético, como consecuencia de su misma vocación[1]. De nuevo se hace presente en su vida el dolor, que acepta con grandeza espiritual y generosidad de ánimo. Al juzgar desde la distancia los hechos acaecidos en este periodo, Mounier ha transcrito lo que ha sido calificado como heroico con el sentido de un simple deber ético cumplido con sencillez y naturalidad. Después de haber vivido esta prueba apuntará: «El sufrimiento es un gran mundo

---

[1] Su «Journaux de prisión» comienza el 27 de enero de 1942 y termina el 27 de octubre de ese mismo año. Comprende las tres etapas de su encarcelamiento: 1) Prisión en Clermont-Ferrant; 2) Diario de un acto frágil (huelga de hambre); 3) Prisión de San Pablo en Lyon. Los pasajes más significativos referentes a la vida en la prisión han sido publicados en BÉGUIN, A., «Une vie», pp. 721-775. Lo más interesante que nos da a conocer no son tanto las circunstancias políticas que ocasionaron su detención, cuanto el espíritu cristiano con que vive en la prisión y sobre todo su huelga de hambre.

al que uno lleva toda clase de pobrezas y torpezas»². Al leer las páginas
de su *Diario* de prisión, lo que más impresiona es el sentido religioso con
el que han sido escritas, de tal manera que, desde ese periodo privado de
libertad, se comprende en toda su profundidad el significado último del
auténtico ideal de creyente:

> El cristiano —escribe Mounier en una de sus primeras reflexiones de
> su *Diario*— se había convertido ya en un hombre que no iba a la prisión.
> El saludo de entrada de los hombres que han venido a detenerme ha sido:
> «Seguridad general». Seguridad general fundamentada en los egoísmos y en
> el miedo, en los beneficios y en las trapisondas, en la envidia y en la avaricia
> larvada, seguridad general que significa represión de todas las inquietudes
> de tipo personal. El cristiano se había instalado en la seguridad general (…)
> Cuando uno ha pasado diez años de su juventud corriendo, sin gran riesgo,
> sobre los caminos de la virtud de la inseguridad, ¿por qué quejarse de recibir
> una visita un poco intempestiva de la Seguridad general? Cuando el cristia-
> no, sin ceder por ello a ningún anarquismo ingenuo, considere que en una
> época turbada, la prisión es uno de sus lugares naturales y no la abominable
> desolación de las familias, el espíritu cristiano habrá vuelto a encontrar su
> punto de arranque³.

Desde esta nueva situación vivida, resulta más fácil concebir la actitud cristiana como un riesgo e insatisfacción radical en contraposición
a una actitud nacida de un espíritu burgués, que apoya su seguridad y
tranquilidad en la injusticia de unas estructuras sociales. Así se entiende
su decisión, aparentemente sorprendente, de hacer una huelga de hambre
desde el 19 de junio al 30 del mismo mes. Este acto hay que entenderlo
en un contexto de profundas convicciones religiosas y de afán sincero por
hacer de su vida una protesta continua contra la injusticia.

Dejando al margen tantos detalles conmovedores de los días de la
huelga reflejados en las páginas de su *Diario*, nos interesa de una manera
especial señalar las líneas fundamentales que definen su actitud ética y
en las que apoya su resolución. Su intención de alcanzar el ideal de un
cristianismo integral no permite enjuiciar su conducta desde una visión

---

² MOUNIER, E., Carta a Paul Crozier (Navidad de 1943), en Béguin, A., «Une vie», p. 768.
³ MOUNIER, E., Diario (27 de enero de 1942), en Béguin, A., «Une vie», p. 722.

superficial de la prudencia evangélica. Únicamente desde ella también puede descubrirse el significado de su lúcido testimonio, que se convierte en atractivo ejemplo para el que de verdad quiere comprometerse en la acción pública. En el informe que Mounier dirige al Secretario General de Policía al iniciar la huelga hace constar lo siguiente:

> Yo lamento, por tanto, llamar su atención sobre la injusta situación a que nos somete comenzando esta mañana, jueves 19 de junio, una huelga del hambre. Digo que lo lamento. No siento inclinación por los gestos espectaculares y habría preferido evitar un escándalo. A falta de un cierto gusto por la discreción, me bastaría con pensar en los míos para que se me hiciera bastante dura esta decisión. Pero quiero creer que, ante un régimen que se dice joven, un acto de voluntad y de resistencia es una introducción mejor que una recomendación impersonal[4].

El origen de esta decisión, tomada en común, radica en la protesta colectiva contra una situación ilegal, puesto que estaban en la cárcel sin conocer el motivo de su arresto. La idea de la protesta se suscita tras leer en el periódico la noticia de que 60 miembros del IRA habían iniciado una huelga de hambre para reclamar que la mayoría de ellos estaban allí sin acusación ni juicio, y para reivindicar que fueran tratados con el estatus de prisioneros de guerra. Entre estos presos, varios de los cuales murieron a causa de la inacción del gobierno londinense, se encontraba Terence MacSwiney, alcalde de Cork por el Sinn Féin.

Para Mounier esta protesta iba a revestir el carácter de un auténtico problema ético que situaba su conciencia ante una situación que se convertía en dilema. De un lado estaba la licitud del uso de unos medios extraordinarios para defender el imperativo de la justicia y de la libertad, de otro lado las limitaciones impuestas por su conciencia cristiana, ya que sabía que no tenía ningún derecho de atentar contra su vida ni comprometer gravemente

---

[4] Informe dirigido al Secretario General de la Policía el 19 de junio de 1942, en *Mounier y su generación, op. cit.*, p. 848. «El 18 de junio, en la emisión de la tarde, la radio inglesa lanzaba al mundo esta información: "Hoy para protestar contra su encarcelamiento y las leyes tiránicas del régimen vichysta, cuatro franceses han iniciado una huelga de hambre: Emmanuel Mounier, Bertie Albrecht, Jean Perrin y Francois-Regis Langlade"». Notas de Jean Perrin, en BÉGUIN, A., «Une vie», p. 1034.

su salud. Por este motivo, el primer día de la huelga le pide al médico amigo que le sigue, darle la orden de cesar la huelga si llega a un punto grave para su vida, y así, «el médico podrá atestiguar, dado el caso, que la detención de la huelga en esas condiciones no es imputable a un momento de debilidad, sino a un límite que su paciente mismo había fijado con anterioridad, en nombre de sus convicciones»[5]. Esta situación nos permite asomarnos a su conciencia, ya que circunstancias límite como la descrita son las que mejor hacen presentes el contenido de su conducta ética, las exigencias cristianas que vive y los ideales humanos defendidos en su «filosofía combativa». Este planteamiento lleva implícito para Mounier un segundo dilema que supone, por una parte, luchar por la realización de la justicia humana, que es preciso llevar hasta un supremo grado de heroísmo; y por otra, no falsear el sentido cristiano de la fe, que obliga, a quien de verdad quiere ser fiel a ella, a no confiar solamente en la eficacia de los medios humanos, sino también a sentir la necesidad de descubrir el valor que para el cristiano debe tener la aceptación de la voluntad permisiva de Dios. Solamente, superando el aparente conflicto que presentan estos dos factores, puede comprenderse el alcance ético del cumplimiento del deber cristiano. Así, podemos observar las letras que escribe con motivo del cese de su protesta, donde aflora la preocupación por escoger la decisión correcta:

> Provisionalmente yo me detengo aquí: como cristiano yo no tengo el derecho de atentar voluntariamente contra mi vida ni de comprometer gravemente mi salud. Anticipadamente yo he tomado en este sentido mis disposiciones con el médico. Pero he aquí también la reacción inmediata: no sigue siendo esta una de esas pequeñas jesuiterías confesadas con los ojos cerrados y con aire almibarado y con los que la cobardía común se cubre de pretextos teológicos? Ahí están los mártires! A pesar de todo creo que no (en esto seguro?) Más bien me parece que mi liberación, en circunstancias no trágicas, es un motivo demasiado mediocre y demasiado interesado para merecer grandes sacrificios cualesquiera que sean las resonancias simbólicas que se sumen a su favor[6].

---

[5]   COMTE, B., «Mounier a Lyon (1940-1942). De la reparution d'Esprit au procès Combat», *Bulletin des Amis d'e. Mounier* 77 (marzo de 1992), pp. 10-11.

[6]   El Dr. David conservó la nota manuscrita que Mounier le remitió al comienzo de la huelga de hambre, en Mounier, E., «Journaux de prison et de grève de la faim», *Esprit*

Mounier añade también otra perspectiva digna de ser considerada para poder valorar éticamente su decisión. Hay que conjugar el sentido de la protesta ante la injusticia humana con el respeto a la autoridad que la ampara, en forma aparente y tal vez con carácter de complicidad real. Desde este punto de vista la valoración que realiza nuestro filósofo es sumamente precisa. En su *Diario* anota:

> No creo que la autoridad se debilite cuando hace justicia, aún en el caso que tenga que corregir la decisión tomada. Más bien pienso, por el contrario, que este dominio de sí y este afán de equidad son el signo más válido de la grandeza y de la fuerza. Respetaré la autoridad que borre una injusticia. No puedo dar más que un respeto mínimo a la que le mantiene apoyándose en un dossier de leyendas y fantasías[7].

A pesar del problema ético que le planteaba a Mounier su conducta en las circunstancias señaladas, él se muestra firmemente convencido de que debe exigirse a sí mismo el acto más heroico. Esto se traduce en llevar al límite las consecuencias de una decisión tomada desde una fidelidad a la propia vocación y desde un servicio a la justicia, que él cree necesario ha de triunfar. En una carta escrita a su padre, poco antes de finalizar la huelga de hambre, manifiesta sus sentimientos y convicciones más profundas en este sentido: «Mi moral es más firme que nunca. Creo que la justicia acaba siempre por triunfar y este triunfo suministra la fuerza y quien la defiende

---

174 (1950), p. 736, se ha publicado el texto que transcribimos aquí: «Certifico ante el Dr. David de Vals-les-Bains, este 19 de junio de 1942, que detendré la huelga de hambre por orden suya cuando vea el anuncio grave, ya sea de un peligro para mi vida, o de trastornos fisiológicos que puede ser permanente. Me doy estos límites porque mis creencias religiosas no me permiten atentar voluntariamente contra mi vida o comprometer seriamente mi salud deliberadamente. Y entrego este certificado para que no se malentienda, si tengo que parar, que me habré debilitado en el camino.

Lo encomiendo por triplicado, este 19 de junio, al Dr. David. El día que me diera la orden de parar, tendrá la amabilidad de entregar una de estas copias a la dirección de la casa de internamiento, de enviar la otra al Secretario General de la Policía, en Vichy, y mantener este último a mi disposición, certificados todos ellos por mi firma siguiendo únicamente su orden, de acuerdo con mi solicitud inicial, hecha bajo el sello del secreto profesional».

[7]   BÉGUIN, A., «Une vie», p. 738.

y no testimonia su debilidad como creen los tontos. Para mí es un teorema que una gota de justicia vale más que un barril de autoridad»[8].

Junto a estos aspectos, Mounier también tiene presente la repercusión pública de su decisión, que puede llegar a alcanzar una considerable trascendencia dentro de la vida nacional. Por ello, consciente de que se trata de un personaje público, se muestra contrario a aceptar la más mínima concesión que desvirtúe el valor de su gesto[9]. Sin embargo, al lado de esta clara visión de la exigencia interior que le afianza cada vez más en la resolución emprendida, siguen estando presentes las dudas sobre la pureza de intención y esto, evidentemente, obstaculiza su estado psicológico, provocando en él una auténtica crisis sobre su decisión. Así lo hace constar en su *Diario*: «Siempre el mismo problema girando como los pensamientos febriles: No es la lucha ante una repugnancia moral y ante una utilidad, sino de una repugnancia suma tanto sentimental como moral y de una eficacia tanto espiritual como táctica»[10].

Durante la prisión, Mounier tiene una experiencia, de las más dolorosas de este periodo, a tenor de las páginas de su *Diario*. Con caracteres de verdadero disgusto refleja cómo, tras haberle pedido al párroco de Vals que le llevara la Comunión a la cárcel, este se ve impedido moralmente ya que la acción del filósofo suponía una rebelión contra el poder establecido. Mounier acepta con resignación la decisión: «Tal vez mi acción no sería completa sin este abandono de la Iglesia aparente que no es siquiera la Iglesia visible»[11]. A pesar de su deseo interior de recibir la Eucaristía, Emmanuel no altera su decisión, puesto que al más estilo peguysta concibe la fe y el cristianismo como «fidelidad a sí mismo, no solo en un orden puramente individual, sino a todo aquello que la persona humana lleva consigo»[12].

---

[8]   Carta a su padre (27 de junio de 1942), en Béguin, A., «Une vie», p.760. En esta línea podría leerse también «Journal d'un acte fragile», en Béguin, A., *art. cit.*, p. 743 donde asegura que si interrumpe su huelga se convertiría en una «semi-verdad», en un «medio técnico para obtener un resultado práctico», alejado de ser una acción para lograr una auténtica transformación.

[9]   MOUNIER, E., «Journal d'un acte fragile», en Béguin, A., «Une vie», pp. 735-736.

[10]   BÉGUIN, A., «Une vie», p. 948.

[11]   BÉGUIN, A., «Une vie», p. 739.

[12]   ROPS, D., *Péguy*, Editions Pascal, Bruselas 1947, p. 208.

Es frecuente ver a Mounier enjuiciar la realidad desde su concepción del ideal de la misma. Esta observación que tiene una aplicación cabal en su «filosofía» de la sociedad, se puede referir también en este caso a su concepción de la Iglesia. Sin embargo, es preciso señalar una diferencia notable en ambos casos. En el primero, se enfrenta con la realidad desde el campo de las convicciones ideológicas, mientras que en el segundo, lo está haciendo desde el terreno de las creencias. Si bien es cierto que en Mounier las creencias más firmemente arraigadas y que, por tanto, más influencia tienen en su conducta religiosa están íntimamente presentes en las ideas claves de su pensamiento. Así, por ejemplo, en este caso, puede verse cómo se da una gran afinidad entre esa idea fundamental de abertura de la persona a través de la comunión y una concepción de la persona desde el cristianismo, para quien vivir una perspectiva eclesial le es connatural. Ambos aspectos quedan puestos de relieve en esta situación que Emmanuel experimenta en la prisión[13].

Mounier no deja de sembrar sus ideas y convicciones ni si quiera en la cárcel. En medio de aquel grupo de detenidos y fiel a la vocación, que constantemente anima su vida, modera coloquios y despierta inquietudes, practica su filosofía del diálogo y logra despertar en los demás la reflexión que estimula la propia situación que están viviendo. Así, escribe uno de sus compañeros de prisión: «Mounier nos inicia en la filosofía personalista, en el movimiento Esprit, en el pensamiento de Charles Péguy: nos comunica sus ideas sobre la vida social, política, nacional e internacional, sobre la post-guerra tal como él la entreveía en este año de 1942, sobre el sentido y el objeto de nuestra resistencia»[14].

La huelga al fin obtiene el efecto esperado, si bien no inmediatamente. Según anota en su *Diario* el 27 de junio —noveno día de huelga—, el médico «ha firmado un certificado pesimista señalando la necesidad de llevarnos al hospital a fin de podernos dar en cada instante las ayudas necesarias inmediatas que podía necesitar nuestro estado. Vichy ha aceptado esta mañana»[15]. Por fin, el 30 de junio se levanta el decreto de prisión. Es

---

[13]   Así aparece reflejado en la carta, BÉGUIN, A., «Une vie», p. 749.
[14]   Testimonio de Maurice Guérin, diputado, en BÉGUIN, A., «Une vie», p. 1036.
[15]   BÉGUIN, A., «Une vie», p. 745.

el triunfo del heroísmo y la inagotable fecundidad de un acto. Con la promesa del cese de internamiento, el 7 de julio Mounier fue trasladado a la cárcel de Saint Paul en Lyon, donde permaneció hasta finales de octubre, aprovechando para preparar su defensa y la de sus compañeros.

La vista del proceso de Combat tiene lugar del 19 al 26 de octubre y el veredicto se da el 30 de octubre. Por lo que se refiere a Mounier, dado que las presunciones de culpabilidad existentes contra él eran insuficientes para arrastrar la convicción del tribunal, además de que los hechos de prevención no estaban suficientemente establecidos, se le dejó en libertad, sin pena ni costas. De esta forma concluía una de las aventuras más espectaculares y dolorosas de su vida, y junto a ello el testimonio personal de mayor resonancia pública en la Francia de aquel entonces. En él aparecen dos valores manifiestos: su enriquecimiento personal, a través de la nueva experiencia, y la manifestación del contenido profundo de su vida espiritual. La mejor síntesis del significado que ha tenido este periodo de prisión en su vida está reflejada en una carta que él mismo dirige a sus padres: «Soy profundamente feliz de haber pasado por aquí. A un hombre le hace falta haber conocido la enfermedad, la desgracia o la prisión»[16].

---

[16]   MOUNIER, E., Carta a sus padres (2 de febrero de 1942), en *Mounier y su generación*, *op. cit.*, p. 830.

IV
LA ÉPOCA DE LA REFLEXIÓN Y DE LA MEDITACIÓN

Con la salida de la prisión comienza una nueva etapa de la vida de Mounier, que tiene características muy distintas. Aunque en la sentencia quedaba totalmente absuelto y en plena libertad, sin embargo, para mayor seguridad creyó conveniente buscar un refugio, que encontró en Dieulefit, en el departamento de La Drôme[1]. Allí vivió bajo el nombre de Leclercq hasta la liberación de Francia.

Así se inicia un largo periodo de descanso[2] que le brindaría la ocasión para cultivar una reflexión continuada, a la que no había podido dedicarse desde hacía mucho tiempo. En aquel clima de montaña, que de nuevo encontraba y al que le vinculaban los atavismos y las preferencias, escribiría algunos de sus grandes libros ya comenzados en prisión, como el *Tratado del carácter* y el *Afrontamiento cristiano*.

---

[1] Buena prueba de la desconfianza que Mounier sentía aparece reflejada en el texto siguiente: «Se temía el internamiento general y cada uno de los liberados durante el día se marchaba prudentemente al campo. De hecho, el día 10, previendo para el día siguiente la entrada de las tropas alemanas en la zona libre, todos los condenados liberados ya y que fueron encontrados, fueron internados de nuevo y esta vez custodiados por las S.O.L.». Mounier, E., Carnets, en BÉGUIN, A., «Une vie», p. 1038.

[2] Cfr. LAPIERRE, J. W., «A Dieulefit: 53 ans après le souvenir d'emmanuel Mounier», *Bulletin des Amis d'E. Mounier* 87-88 (marzo de 1998), pp. 12-14, donde se recogen testimonios de campesinos que hablan de la amabilidad y cercanía de Mounier.

Así comienza esta nueva etapa, que se extiende desde noviembre de 1942 hasta septiembre de 1944, momento de la liberación de Francia. Se trata de un periodo de paréntesis en su vida pública, pero que prepara e inicia la época de plena madurez de su vida y de su obra. En la quietud de Dieulefit, donde se acalla el ansia de publicista, el hombre se concentra en sí mismo y nace la meditación más profunda sobre el tema personalista, meditación que es búsqueda de expresión teórica de una doctrina, pero también actuación para lograr equilibrios personales en la vida, ascesis interior. Es este hombre renovado en el silencio, el que aparece, al día siguiente de la Liberación, aún sobre la brecha.

Este primer aspecto de meditación reflexiva sobre los grandes temas, aún no formulados de manera definitiva en su pensamiento, quedará reflejado en las importantes publicaciones de esta época. Por su parte, el segundo de los aspectos, centrado en un esfuerzo personal por lograr un perfecto equilibrio entre su vida privada y pública, lo podemos conocer releyendo el *Diario* y las cartas de esta época. Es preciso reconocer que las circunstancias externas de su vida contribuyen de manera muy positiva a esta evolución espiritual hacia una paz y serenidad de espíritu. Mounier vive en una pequeña pensión con su familia, trabajando como un monje en la elaboración de proyectos a realizar en un próximo futuro. Gracias a la ayuda generosa de sus amigos puede disfrutar de esta tranquilidad y serenidad.

El sucederse de los acontecimientos descritos y la prolongación del sufrimiento, ha provocado en Mounier una notable madurez humana, ya que le ha concedido la capacidad de restar pasión y aumentar el sentido de la trascendencia, que origina, a su vez, una esperanza más firme y completa. De esta manera, se va marcando en él una evolución espiritual que no significa pérdida del espíritu de juventud, sino despliegue de una fuerza interior. El mismo Mounier se lo confiesa a su gran amigo Jacques Lefrancq: «Me siento a la vez aviejado —por ejemplo, ya no podría escribir en sentido físico "nosotros los jóvenes" y acoger un cierto tono-, y al mismo tiempo es como si este puente tendido fuera la duración, por encima de la línea de los 35, me hubiera impedido cortar definitivamente el contacto con mi adolescencia porque me han cerrado los ojos y ocupado el corazón al pasar la frontera. Es una suerte no estar instalados en el momento en que se instala uno, y ahora se ha abierto una puerta que no se cerrará nunca. ¡Qué importa el aspecto que tome mañana!»[3].

Este periodo constituye también para Mounier una oportunidad para estudiar la realidad de la comunidad francesa, de la que desde tiempo atrás, venía denunciando una serie de males político-sociales que la aquejaban. Ahora, escribe:

> una tarea artesana más modesta nos llama a todos nosotros, los que nos sentimos miembros de la comunidad francesa, sufriente y abatida, como nunca nos hemos sentido participando de la comunidad francesa quejosa e indolentemente indiferente. Mañana se nos exigirá de mil maneras que la razonemos, la afirmemos, la protejamos y la renovemos. Las grandes corrientes mundiales de aire que habíamos creído poder mantener fuera de las puertas vendrán una detrás de otra a buscarnos en nuestra casa, ahora que las puertas se han hundido. Creo que una capa de fondo lleva a los jóvenes hacia el personalismo; tengo ecos de esto desde todas partes[4].

Una vez más queda puesto de manifiesto el sentido profético que caracteriza al pensamiento de nuestro filósofo y que repercutía en la actitud adoptada ante los acontecimientos que surgían en la vida de la sociedad contemporánea. Por fidelidad a su vocación, no podía desentenderse de la realidad francesa[5], es más, en este momento de su vida considera que ha de incrementar su actividad como intelectual para ofrecer una verdadera respuesta ante la problemática que se avecinaba creada por la guerra mundial.

Dentro de estas orientaciones, y en el clima de retiro que supone Dieulefit, la etapa descrita en este punto supone la de mayor enriquecimiento intelectual, la de mayor fecundidad y madurez como pensador. De

---

[3]   Mounier, E., Carta a Jacques Lefrancq (20 de mayo de 1943), en *Mounier y su generación, op. cit.*, p. 887.

[4]   Mounier, E., Carta a Jacques Lefrancq (21 de noviembre de 1943), en *Mounier y su generación, op. cit.*, pp. 893-894.

[5]   «Lo de las vocaciones espirituales es muy bonito, pero no dispensa de poner manos a la obra con todo el mundo en las más humildes tareas de salvación cuando la misma vida de la colectividad está en peligro. De lo contrario, las vocaciones espirituales son un pretexto demasiado hermoso para construirse un refugio en las comodidades de los ensayos mayores, fuera del sufrimiento común». Carta a su padre (11 de marzo de 1943), en *Mounier y su generación, op. cit.*, pp. 881-882.

haberse prolongado, este periodo hubiera sido el oportuno para emprender una elaboración reposada y sistemática de su doctrina filosófica. Hubiera podido ser la ocasión propicia para convertir su pensamiento cristiano en auténtica reflexión filosófica, necesaria para lograr de su filosofía personalista esa unidad, profundidad y sistematización de que carece. Tal como hacía notar Béguin, ya entonces, «muchos pensaban que Mounier debía más bien consagrarse a una obra de filósofo y no ceder a la tentación de una juventud prolongada más allá de la edad normal. Pero una vez más, la llamada de los acontecimientos y la fidelidad a sí mismo debían coincidir y cortar por lo sano un problema que ninguna discusión en equipo hubiera podido resolver»[6].

El retiro en Dieulefit, sin suponer para Mounier una renuncia a su misión de intelectual plenamente empeñado en la realidad, adquiere el sentido de un auténtico logro en la madurez y equilibrio personales que «recogiendo sus afecciones humanas y situándolas a la luz espiritual de su meditación, comienza a instaurar en él mismo esta armonía total de la persona que él había valorado tanto desde el comienzo y que alcanzará, antes de su suerte, una perfección tal que podría impregnar todos sus actos»[7].

---

[6] BÉGUIN, A., «Une vie», p. 1045.
[7] BÉGUIN, A., «Une vie», p. 1041.

V

LA «ARMONÍA DE LA PERSONA»

La última etapa de la vida de Mounier se inicia a raíz de la liberación de Francia. Este periodo se caracteriza principalmente porque a lo largo del mismo, tanto la persona como el pensamiento de Emmanuel, adquieren una significación específica en el contexto de la nación francesa. En realidad, la principal preocupación del filósofo de Grenoble en esta época es ejecutar una serie de proyectos, que había concebido en el retiro de Dieulefit, con los que pretendía preparar la postguerra francesa desde las posibilidades que le ofrecía su colaboración activa con todo el movimiento de la Resistencia[1].

Al terminar la guerra, Mounier se traslada a París junto con su familia. Desde allí continúa cumpliendo su misión como intelectual haciéndose presente en cada acontecimiento importante de la vida pública.

Los primeros años de esta estancia en la capital francesa estuvieron llenos de dificultades. Por una parte, podríamos señalar las de carácter material para poder establecerse con su familia; y junto a ellas, otras de carácter ambiental, para hacer surgir de nuevo una obra con la que quería identificar su vida. Pero tal vez, nunca como en este periodo de su vida, Mounier ha tenido tan clara la meta a alcanzar y el camino a seguir.

---

[1] Véase MOUNIER, E., Diario de Dieulefit (17 de agosto de 1944), en *Mounier y su generación, op. cit.*, pp. 902-903.

Este periodo fue de adquisición y de progreso desde el punto de vista de la acción y del pensamiento político. Sin embargo, interiormente carece de «historia», puesto que no hay historia cuando un hombre entra definitivamente en el sentido último de su vocación. No puede estar inmóvil, sino siempre en marcha, pero su progreso está en la línea de la profundidad. Es esta una marcha «llamada hacia adelante», pero este «hacia adelante», sabemos ahora que tenía el nombre de eternidad.

En esta nueva etapa, la última de su vida, Mounier vive enteramente dedicado a su obra más importante: la revista *Esprit*, que reaparece el 14 de diciembre de 1944. Es tal su entrega, que no es posible aislar su vida familiar y privada de las exigencias impuestas por su trabajo. Así nos describe Béguin, importante colaborador de Mounier, los primeros años de este periodo:

> Los comienzos, por tanto, en el invierno de 1944-1945 no fueron nada fáciles. Mounier y su mujer llegados a un París donde todo comenzaba de nuevo y desde muy abajo, conocieron meses de extrema pobreza, comparables a los de su primera temporada lyonesa de 1940. Chatenay por el momento era inhabitable y tuvieron que estar confinados en un piso pequeño de la avenida de Emile-Zola, casi sin tener ingresos materiales. Los amigos de antes de la guerra o habían muerto o estaban dispersos, pero todos lejos de Esprit, envueltos en otras mil ocupaciones. Era necesario obtener autorizaciones, papel, reunir un equipo, volver a encontrar la atención de los lectores. La constancia de Mounier triunfa sobre todo y fue un verdadero milagro la publicación del primer número de *Esprit*, nueva serie, en diciembre de 1944 seis meses antes que las demás revistas.

En el presente 1945 la causa parece por fin ganada. Después *Esprit* se establece en el inmueble de las Editions du Seuil, en el tercer piso del número 27 de la Rue Jacob donde día tras día, la puerta de Mounier está abierta a los amigos y visitadores[2].

Las dificultades se van venciendo poco a poco y por fin Mounier y su obra pueden instalarse definitivamente en la villa «Les Murs Blancs» de Chatenay-Malabry. Este hecho supone para Emmanuel conquistar la meta añorada. Allí sería posible, por fin, crear un amplio ambiente familiar,

---

[2] BÉGUIN, A., «Une vie», pp. 1047-1048.

traducción fiel de su concepción de la comunidad, y organizar un auténtico trabajo de equipo.

> En Chatenay, sin que se pueda decir muy bien por qué, escribe Béguin, era él quien organizaba una reunión con algunos amigos. Era él quien establecía la justa medida y el equilibrio necesarios entre la vida común y la libertad de cada uno respetada por todos... El domingo, una vez al mes, los «Murs Blancs» acogían a los amigos de *Esprit*, bien para escuchar una relación, bien para asistir a un debate organizado, a veces para un encuentro con los extranjeros de paso por París[3].

Esprit crece hasta alcanzar de 40.000 a 50.000 lectores, según Lacroix[4]. En sus páginas escriben afamados autores del momento, siempre con la intención de ser fieles a la humanidad en un mundo deshumanizado. Es una revista «para que la sociedad se convierta, no solamente sobre el papel, en una sociedad de personas, en una persona de personas»[5]. Su relevancia es tal, que llega a generar opinión en la sociedad francesa, entidad de sentido, resulta significativa.

Durante el periodo siguiente, iniciada ya la llamada «Guerra Fría», *Esprit* se opondría a la Alianza Atlántico, ya que abocaba a Francia y a Europa a formar parte de uno de los bloques. Proseguía con su misión de pensar la realidad y de leer con ojos verdaderos los acontecimientos que vivían la humanidad de su tiempo para denunciar injusticias y poner al descubierto las mentiras.

Mounier combina su trabajo en *Esprit* con numerosos viajes al extranjero en los que imparte conferencias y da a conocer el espíritu que impregna el trabajo de su equipo. En esta última etapa de su vida Mounier viaja a Bélgica (1944), Suiza y Polonia (1945), Alemania, Austria y Bélgica (1946), África negra, Berlín, la zona francesa de ocupación alemana, Ginebra, Milán, Génova Florencia y Roma (1947), Alemania y Austria (1948), Inglaterra, Dinamarca, Suecia y Noruega (1949).

---

[3] BÉGUIN, A., «Une vie», pp. 1048-1049.
[4] LACROIX, J., «Un testimonio y un guía. Emmanuel Mounier», en VV.AA., *Presencia de Mounier*, Nova Terra, Barcelona 1966, p. 46.
[5] DÍAZ, C., *Emmanuel Mounier (Un testimonio luminoso)*, p. 210.

Este periodo, que Béguin ha definido como el de «armonía de la persona», se caracteriza por una síntesis equilibrada entre la unidad de su persona —madurez personal de su vida interior— y la actividad exterior, llevada al extremo en cuanto a su intensidad[6]. Los escritos de esta época tienen un carácter más realista y están marcados por una visión más objetiva de los acontecimientos. Su pensamiento, que siempre ha estado unido al ritmo evolutivo de su vida y pegado a las circunstancias que la han condicionado, ha logrado también la madurez de su propia persona, situándose en esa distancia intermedia que separa el plano cultural y abstracto del de la vida práctica de la acción. Robustecer esa línea intermedia es realizar su misión de intelectual *engagée*.

---

[6]   «Ciertamente es casi inimaginable que un solo hombre haya podido bastarse a sí mismo en tan múltiples tareas, pero resulta más admirable todavía que entre todas ellas y su vida personal Mounier haya llegado a establecer una unidad que sin duda alguna constituirá su mejor fuerza». BÉGUIN, A., «Une vie», p. 1047.

VI
CONCLUSIÓN

Mounier muere repentinamente a las tres de la madrugada del 22 de marzo de 1950, de un ataque al corazón. En años previos ya había sufrido tres crisis cardiacas a las que no había prestado mucha atención.

Al terminar este recuento analítico de los pasos de la última etapa de su vida, que se corresponde con la de su «ministerio público», podríamos resumirla con dos sustantivos: combate y testimonio de los valores espirituales que han de encarnarse en la realidad temporal.

Mounier siempre enseñó lo que vivía con inquietud y esfuerzo. Nos encontramos ante un maestro que ejerce su magisterio por medio de su obra en la que está integrada pensamiento y acción. Desde la publicación de *Esprit*, que marca un antes y un después en su historia, hasta el final de la misma, vemos un recorrido, que ha realizado al compás de los diversos acontecimientos personales y sociales, en el que ha logrado una auténtica madurez, estableciendo un equilibrio personal entre el dominio de sí mismo y la entrega a los demás, entre el cultivo de su vida interior y la entrega a la actividad externa, síntesis que aparece reflejada substancialmente en su pensamiento, el cual tiene incorporado el análisis de las estructuras personales, como dato previo a la renovación y ordenación de las estructuras sociales. Así, Mounier ha logrado adquirir un significado específico, dentro del clima intelectual francés de la postguerra, que podría calificarse como pasional y combativo. Fue ante todo «un testigo de su tiempo y un autor paradigmático a la hora de presentar la necesaria relación que se establece entre el pensamiento y la historia»[1].

---

[1] Coq, G., *Mounier. L'engagement politique*, Michalon, París 2008, p. 24.

CONCLUSIONES FINALES

Al examinar los pasos de la vida de Mounier a la par que sus escritos, podemos percatarnos del profundo significado histórico que tiene su vida intelectual, plenamente identificada con los problemas que doctrinalmente analizó porque intensamente vivió.

El contexto bélico que envolvía a Europa en general en la primera mitad del siglo XX, y a Francia en particular, ligado a la inestabilidad política del régimen de Vichy, el progreso de los fascismos y el surgimiento de la revolución comunista en Rusia, la fuerte crisis económica a partir del crack de Wall Street, y la presencia de una Iglesia que ante varios de estos problemas tardaba en reaccionar, hace despertar la reflexión, en la pequeña ciudad francesa de Grenoble, de un joven que siente como vocación formular una ideología que sirva como fermento renovador de la humanidad. Así, su vida consistirá en ubicarse en el corazón de los grandes acontecimientos en los que ha de verse embarcado y desde los que intentará ofrecer una respuesta convincente a los interrogantes que vayan surgiendo en el desarrollo de la vida de la sociedad francesa e internacional. De esta forma, la revista que funda bajo el nombre de *Esprit* se irá convirtiendo en el instrumento de expresión de tales intervenciones, y por tanto en la principal herramienta de su afán educativo para lograr una sociedad más personalizada.

En Mounier encontramos un estilo de vida, más que una praxis revolucionaria o una doctrina. De ahí que tenemos que subrayar la conjunción entre los conceptos filosóficos que sus escritos apuntan o están expresamente formulados y las experiencias éticas por él vividas. Es decir, sus actitudes éticas se convirtieron en persuasiones teoréticas.

Desde su contacto con Chevalier, al inicio de sus estudios filosóficos, Mounier asume que la reflexión filosófica debía integrarse en la vida, pues lo verdadero pasa antes por la práctica que por la formulación. Desde entonces, Mounier vislumbra la necesidad de lograr una íntima unidad entre pensamiento y acción, que dará eficacia a realizaciones posteriores, y el deber de permanecer siempre expectante al mensaje de los aconteci-mientos, ya que «el acontecimiento es nuestro maestro interior». Por ello, la filosofía de Mounier podría denominarse como «filosofía humana», pues como él mismo sostuvo, el espíritu filosófico «es la unión inseparable entre una cierta actitud de vida y un cierto método de espíritu… El espíritu filosófico se nos presenta como una ética de la inteligencia y dentro de la inteligencia la moral misma de la fidelidad»[1].

A la vista de todo lo anterior concluimos que no se puede hablar de la obra de Mounier como aquello que él hizo, sino como lo que él fue. Para Emmanuel el acontecimiento fue «su maestro interior», por ello su saber sería un saber militante que le condujo a pensar a partir de la realidad para la realidad. Mounier no fue del personalismo a la persona, sino de esta a aquel, por ello jamás toleró que se separase en sí el pensador del hombre.

La filosofía de Mounier no puede ser encasillada como «académica», sino más bien como «humana». Él renunció a La Sorbona, ya que antes que escoger una vida de investigación académica, optó por una vida en la que el pensamiento impulsara la acción. Así lo ha señalado Burgos: «Mounier no abandonó la academia para construir una pura teoría, sino para transformar la sociedad. Por eso, su ideología no solo está dirigida hacia la acción, sino que es pensamiento en acción, un pensamiento que se autoconforma estructuralmen-te para conseguir objetos concretos y, fuera de él, pierde su validez y su fuerza»[2].

Al acercarse a la obra de Emmanuel Mounier no hay que preguntarse qué piensa, sino por qué actúa así. Su vida consistió en un esfuerzo por integrar lo profético —denunciado y anunciado— y lo político, trazando las bases de una filosofía personalista y comunitaria.

---

[1]   En la primera carta de Mounier en «Aux Davidéss» firmada bajo el pseudónimo de Jean Sylvestre en noviembre de 1929. Recogida por Béguin, A., «Una vie», *Esprit* 174 (1950), 967-968.

[2]   Burgos, J. M., *Introducción al personalismo, op. cit.*, p. 54.

BIBLIOGRAFÍA

BEGUIN, A., «Une vie (textes de liaison)», *Esprit* 174 (Diciembre 1950), pp. 923-1060.

BOMBACI, N., «Mounier y el padre Pouget. La fe y la razón: un binomio posible», *Acontecimiento* 56 (2000), pp. 47-52.

BORNE, E., «Pour un tombeau d'Emmanuel Mounier», *Vie Intellectuelle* XXVII-1 (1956), pp. 102-113.

BURGOS, J. M., *Introducción al personalismo*, Palabra, Madrid 2012.

CAMARGO MUÑOZ, A., *El sentido de la historia. Aproximación a la concepción personalista de la historia*, Universidad Santo Tomás, Tunja 2013.

COMTE, B., «Mounier a Lyon (1940-1942). De la reparution d'Esprit au procès Combat», *Bulletin des Amis d'e. Mounier* 77 (marzo 1992), pp. 10-11.

COQ, G., *Mounier. L'engagement politique*, Michalon, París 2008.

DANIELOU, J., «La mort d'Emmanuel Mounier», *Etudes* 265 (1950), pp. 250-251.

— «La mort d'Emmanuel Mounier», *Etudes* 265 (1950), pp. 250-251.

DÍAZ, C., *Emmanuel Mounier (Un testimonio luminoso)*, Palabra, Madrid 2000.

DOMÉNACH, J. M., *Mounier según Mounier*, Laia, Barcelona 1974.

DUFOREZ, H., Grandeur spirituelle d'Emmanuel Mounier, Masses Ouvriéres, París 1951.

GONZÁLEZ CAMINERO, N., «Circunstancia y personalidad de Unamuno y Ortega», *Gregorianum* XLI-2 (1960), pp. 201-239.

GUY, A., «L'Espagne dans la vie et l'OEuvre de Mounier», en A. Heredia (ed.), *Mounier a los veinticinco años de su muerte*, 113-132, Universidad de Salamanca, Salamanca 1975.

JEANSON, F., «Une pensé combattante», *Esprit* 174 (diciembre 1950), pp. 852-859.

LAPIERRE, J. W., «A Dieulefit: 53 ans après le souvenir d'Emmanuel Mounier», *Bulletin des Amis d'E. Mounier* 87-88 (marzo de 1998), pp. 12-14.

LUROL, G., *Emmanuel Mounier 1: Gènese de la personne*, L'Harmattan, París 2000.

MOUNIER, E. (con el pseudónimo Francois Chauviéres), «Une amitié spirituale: Les Davidées», La *Vie Spirituelle* (abril 1931), pp. 1-31.

— «Journaux de prison et de grève de la faim», *Esprit* 174 (1950), 721-730.

— *El personalismo* (Obras completas III), Sígueme, Salamanca, 1990.

— *Mounier y su generación* (Obras completas IV), Salamanca, Sígueme 1988.

RICOEUR, P., «Une philosophie personaliste», *Esprit* 174 (diciembre 1950), pp. 860-887.

RIGOBELLO, A., Il contributo filosófico di E. Mounier, Fratelli Bocc, Roma 1955.

RODRÍGUEZ LIZANO, J., *La noción de personalidad en René Le Senne*, Tesis Doctoral, Universidad de Navarra, Navarra 1994. Recuperado de: https://core.ac.uk/download/pdf/83563172.pdf

ROUQUETTE, P., «Positions et oppositions d'Emmanuel Mounier», *Etudes* 268 (1951), pp. 145-155.

RUÍZ, A., *Enmanuel Mounier II*, Instituto Emmanuel Mounier, Madrid 1990.

VV. AA., *Presencia de Mounier*, trad. por Mary Row, pp. 17-58, Nova Terra, Barcelona 1966.

Colección:

FILOSOFÍA HOY

Director:

JUAN ANTONIO NICOLÁS